KAFFEE

EIN GENUSS

KAFFEE

KULTUR UND LEIDENSCHAFT

Henning Seehusen
Fotografie: Joerg Lehmann
Foodstyling: Frauke Koops

EIN GENUSS

INHALT

7 Vorwort

9 Kaffee – Ein Lebensgefühl

Kaffee heute – Anbauländer, Sorten, Handel. Von der Kaffeekirsche bis zum Röster um die Ecke.

27 Kaffee zubereiten

Von Kannenaufguss und Filtertüten, Espressomaschinen und orientalischen Ibriks mit internationalen Rezepten und Tipps vom Kaffee-Experten Ulrich Carroux.

55 Fingerfood-Törtchen – unwiderstehlich cremig, fruchtig, schokoladig

Spitzen-Patisserie für zu Hause. Feine Törtchen, Küchlein, Plätzchen und Trüffel zum Kaffee von Stefan Franz.

75 Süße Verführung – Spezialitäten der Kaffeehäuser und Coffeeshops

Ausgesucht gut: Schokoladentorte und Profiteroles, Zimt-Kaffee-Flan und US-Pancakes, Frühlingsrolle mit Erdbeeren und Baklava.

107 Pikantes zum Kaffee – Snacks und kleine Mittagessen

Tramezzini, Bagels, Nudelplätzchen – dazu überraschende feine Schaumsüppchen, zubereitet mit der Espressomaschine.

127 Kochen mit Kaffee – ganz neue Geschmackserlebnisse

Internationale Spezialitäten mit feinem Kaffee-Aroma: von Gebeiztem Kaffeelachs, Garnelen mit Sahnelinsen, Kaffeepasta, Couscous mit Entenbrust bis Hase im Crêpemantel.

152 Grundrezepte

Teige und Essenzen

155 Vom Derwisch-Trank zum Coffeshop

Die Erfolgsstory eines Getränkes

157 Glossar

160 Literaturtipps

161 Die Anbauländer der Welt

164 Register
168 Impressum

VORWORT

von Henning Seehusen

Kaffee ist zum Lifestyle-Getränk geworden. Beschränkte sich die Entwicklung bis vor wenigen Jahren auf Bohnenkaffee statt Muckefuck, Melitta-Filter und Kaffeemaschinen, schießen heute Coffeeshops wie Pilze aus dem Boden und bieten eine verwirrend große Auswahl an Kaffees. Große Kaffeevertreiber werben mit exklusiven Spezialitäten aus ganz besonderen Anbaugebieten, wie Wildkaffee, neue Ernte …

Doch was macht wirklich guten Kaffee aus?

Dieser Frage sind wir nachgegangen. Haben Expertenmeinungen eingeholt, Informationen gesammelt und viel Kaffee probiert. Wir berichten über den Imagewandel des Kaffees in den letzten Jahren. Haben Spezialitäten-Kaffee-Händler Thimo Drews über die Zukunft des Kaffeemarktes befragt und bei einer professionellen Verkostung zugeschaut.

Ulrich Carroux, Kaffeeröster der neuen Generation, hat uns in seine kleine Rösterei eingeladen. Er verrät, wie wirklich guter Kaffee gelingen kann und gibt hilfreiche Tipps für den Fall, dass es mal nicht so klappt.

Sie erfahren alles über die Methoden der Zubereitung von Kaffee – vom klassischen Aufguss, Filterkaffee, Espresso bis zum arabischen Kaffee. Dazu gibt es Rezepte vom Türkischen Orangenkaffee bis Espresso-Martini zum Ausprobieren.

Patissier Stefan Franz, begeisterter Kaffeetrinker, hat für Sie ganz neue Fingerfood-Törtchen kreiert – weit weg von der üblichen Schwarzwälder Kirschtorte zum Kaffee. Stefan Franz wurde 2003 vom Gault Millau als bester Patissier Deutschlands mit 16 Punkten bewertet. Der Aral Schlemmer Atlas zeichnete ihn 2005 als Patissier des Jahres aus.

Dazu gibt es internationale Rezepte für süße Sachen: Von amerikanischen Pancakes zum Frühstück über winzig-kleine Gaumenschmeichler zum Espresso bis zu Baklava und feinem Kirschkuchen. Denn zum Kaffee gehört nun mal ein Kuchen.

Pikantes zum Kaffee gefällig? Wählen Sie aus: Tramezzini, Bagels, Minipizzen und, und, und … Dazu können Sie die Kochkünste Ihrer Espressomaschine entdecken – lassen Sie sich von blitzschnellen Schaumsüppchen überraschen.

Kochen mit Kaffee ist unmöglich? Probieren Sie, wie gut Fleisch und sogar Fisch mit dem braunen Elixier harmonieren. Hamburgs Sterne-Koch Wahabi Nouri, als Marokkaner dem Kaffee eng verbunden, hat sich spektakuläre Rezepte einfallen lassen. Lassen Sie sich davon inspirieren.

Und experimentieren Sie mit Kaffee, lassen Sie sich durch dieses Buch anregen zu neuen Rezepten und Kombinationen, denn Kaffee macht kreativ!

Viel Vergnügen und guten Appetit wünscht Ihnen

Henning Seehusen

KAFFEE – EIN LEBENSGEFÜHL

GESCHMACK, DER DIE WELT IN STIMMUNG HÄLT

Kaffee – ein Lebensgefühl

Kaffeemaschinen in jedem Büro, in jedem Haushalt. Kaffee ist das Alltagsgetränk auf jedem Frühstücks- und Besprechungstisch, im Flugzeug und am Arbeitsplatz.

Doch seit einigen Jahren tut sich etwas. Es hat ein Imagewandel stattgefunden. Kaffee wurde zum Lifestyle-Produkt. Coffeeshops nach amerikanischem und italienischem Vorbild haben Kaffee für ganz neue Zielgruppen interessant gemacht. Spezialitäten wie Cappuccino, Latte Macchiato, mit Vanille, Ingwer- oder Schokosirup aromatisierte Kaffees sind beliebt wie nie zuvor.

Heute sind Großstädte ohne moderne Kaffeebars kaum mehr vorstellbar. Es wird dort sogar langsam eng. In Metropolen wie Hamburg, Berlin, Frankfurt und München reiht sich ein Coffeeshop an den anderen. Bunt gemischt mit italienischen Anbietern wie Lavazza oder Segafredo findet man dort Starbucks und San Francisco Coffee Company, Black Bean und Balzac Coffee, Coffee Connection und Caffè Ritazza und zwischendrin immer mal wieder ein Tchibo. Dazu gibt es natürlich noch individuelle Konzepte wie die gemütlichen Frühstückscafés, Cafés, die schon fast Restaurants sind und – eher selten – auch noch ein ganz traditionelles Kaffeehaus. News Cafés bieten als Service eine große Auswahl von Zeitungen und Zeitschriften, Internet-Cafés den direkten Zugang ins Netz. Coole Kaffee-Lounges sind der Versuch, sich durch exklusives Design von der Masse abzuheben.

Sie alle bauen auf den Genuss-Moment. Das Frühstück auf dem Weg zur Arbeit, die Mittagspause mit Kollegen, das Treffen mit Freunden, die Shopping-Pause, das Gespräch unter Geschäftspartnern. Oder auch die kurze schnelle Kaffeepause, die zunehmend im Stehen stattfindet. Oder sogar im Gehen – denn alle bieten inzwischen »Coffee to go« für die kleine Erfrischung auf dem Weg zum nächsten Termin. Inzwischen ist es ganz normal mit dem Pappbecher in der Hand auf der Straße zu gehen.

Aber nicht nur dort wird Kaffee getrunken. Buchhandelsketten, Parfümerien, Blumenläden und Möbelhäuser, Modedesigner wie Armani integrieren Kaffeebars und setzen auf das »Wohlfühlaroma«. Denn Kaffee verbindet, schafft Ambiente und angenehme Atmosphäre.

Nach Schätzung des Hamburger Kaffee-Verbands gibt es zurzeit 700 Coffeeshops in Deutschland (ohne die 400 Tchibo-Läden). Angebote und Ambiente gleichen sich immer mehr an. Es wird darum immer wichtiger, sich spürbar abzuheben.

Verlierer in diesem Kaffeeboom sind die ganz normalen Kaffees. Sie versuchen häufig mit italienischen Kaffeespezialitäten das alte Publikum zu erhalten und die jungen Espressofans zu gewinnen. Dabei haben viele der alten Cafés etwas sehr Liebenswertes. Sie stehen für eine vergangene Zeit, in der alles noch etwas behäbiger vor sich ging. In der der Ober im schwarzen Anzug noch die Namen der Gäste kannte und deren Wünsche und Gewohnheiten. Es gab in vielen Großstädten wahre Kaffeetempel, in denen sich während der 20er Jahre die literarische Welt traf. Und nicht wenige politische Entscheidungen wurden im Kaffeehaus ausdiskutiert. Diese Bedeutung haben die Kaffeehäuser verloren. Doch eine andere fast vergessene Kaffee-Kultur wird wieder belebt.

Es gibt heute in fast jeder Stadt wieder kleine, private Kaffeeröstereien, oft mit einem angeschlossenen Café. Sie werden

Oben links: In Frankreichs Metropole gab es bereits im Jahr 1690 über 200 Kaffeehäuser. Cafés gehören einfach zum Pariser Alltag. 1/2 Milch, 1/2 Kaffee ist das Verhältnis des typischen Café au lait, den Franzosen morgens dort trinken. Dazu gibt's Baguette mit Butter oder Croissants. Aber auch zwischendurch laden die Straßencafés mit ihren Tischen in der Sonne nicht nur Touristen auf eine kleine Pause ein.

Oben rechts: Man trifft sich zum Frühstück, mittags auf einen Snack oder nimmt schnell einen »Coffee to go« auf dem Weg ins Büro. Die Kultur der Coffeeshops kam aus den USA und breitet sich in unseren Großstädten rasend schnell aus.

Unten: Coffeeshop in New York. Treffpunkt und Ruhepol in der hektischen Metropole.

meist von jungen Unternehmern betrieben, die bewährte Traditionen wieder aufgreifen. Sie haben viel Wissen über Kaffee, Sorten, Röstung und Zubereitung gesammelt. Ihr Kaffee wird mit hohem Qualitätsanspruch geröstet und zubereitet. Inzwischen haben diese individuellen Kaffeeproduzenten ihre Fangemeinde, die auf »ihren« Kaffee schwört.

Wer sich hier seinen Spitzenkaffee kauft, kann mit dem Fachmann fachsimpeln, sich Tipps für die Zubereitung holen und sich über die Trends auf dem Kaffeemarkt informieren. Nebenbei probiert man die neue Ernte, die spezielle Mischung oder einen sortenreinen Kaffee, der gerade neu im Angebot ist – eine ebenso genussvolle wie unterhaltsame Angelegenheit.

Das Produkt Kaffee erlebt gerade wieder einen Imagewandel. Espresso und Cappuccino haben zwar die Welt erobert, doch Trendsetter trinken wieder den klassischen schwarzen Kaffee. Spezielle Sorten, Mischungen und Röstungen werden teuer gehandelt.

Das Kultgetränk Kaffee ist zu seinen Wurzeln zurückgekehrt. Und glücklicherweise ist diese Rückbesinnung mit einer beachtlichen Qualitätssteigerung verbunden.

Oben: Internet-Cafés, in denen man online gehen oder seine Mails abrufen kann, gibt es heute fast überall. Da ist der Kaffee eine anregende Nebensache.

Unten: Burgs Kaffeerösterei in Hamburg-Eppendorf, 1923 gegründet, ist eine der wenigen kleinen Röstereien mit langer Tradition. In seinem nostalgischen Laden verkauft er alles rund um den Kaffee. Neben den reinen Sorten bietet er seit

20 Jahren auch aromatisierten Kaffee an. Das ist unter Kaffee-Puristen nicht unumstritten. 2004 hat er sein Kaffeemuseum eröffnet in dem neben vielem anderen 900 verschiedene Kaffeemühlen zu sehen sind.

Kaffee – ein Lebensgefühl

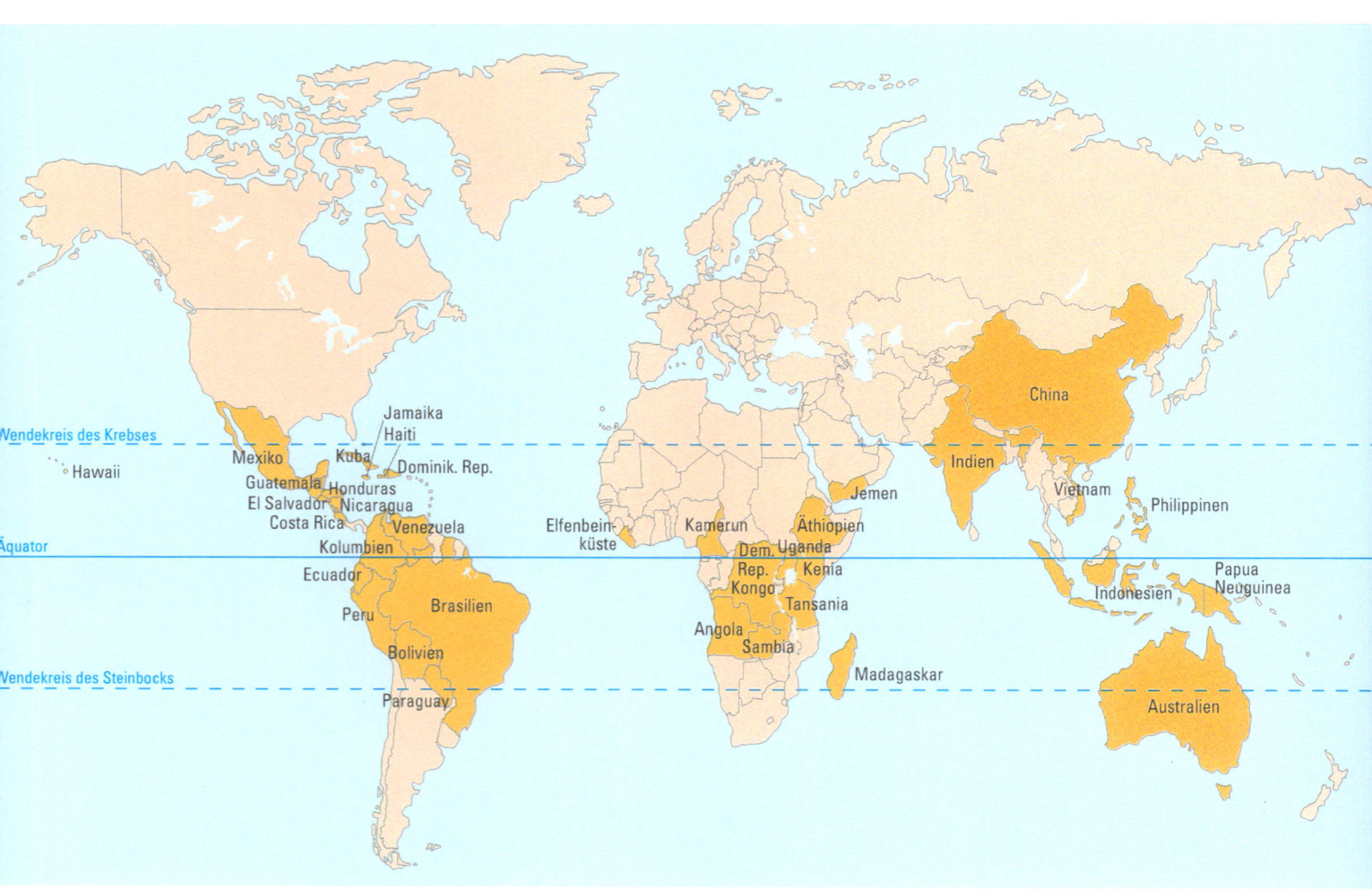

Rund um den Äquator, zwischen dem Wendekreis des Steinbocks und dem Wendekreis des Krebses, findet die tropische Kaffeepflanze das richtige Klima. Sie stammt ursprünglich aus Äthiopien und verbreitete sich über Sri Lanka, Java und Südamerika in alle anderen Länder.

Die Hauptanbaugebiete von Arabica-Kaffees liegen heute zwischen dem 23. Grad nördlicher und 25. Grad südlicher Breite in Brasilien, Kolumbien, Mexiko, Costa Rica, Guatemala und anderen Staaten Zentralamerikas. Der kälteempfindliche Robusta-Kaffee gedeiht am besten zwischen dem 10. Breitengrad nördlich und südlich des Äquators in Indonesien, Brasilien, Vietnam, Elfenbeinküste und Uganda.

WO DER KAFFEE WÄCHST

Die Pflanzen brauchen tropisches Klima, ohne große Temperatur-schwankungen und Wetterveränderungen. Temperaturen unter 10° und über 30° schädigen die Pflanzen. Arabica wächst in höheren Lagen zwischen 600 bis 1200 m, in Kolumbien, Guatemala und Brasilien gedeihen besonders aromatische Spitzenkaffees sogar in Hochlagen bis zu 1500 m. Hauptanbaugebiete von Arabica-Kaffees sind Brasilien, Kolumbien, Mexiko und die Staaten Zentralamerikas. Die Robusta-Kaffeepflanzen sind kälteempfindlicher und wachsen darum am besten in Indonesien, Vietnam, Brasilien, Uganda und der Elfenbeinküste. Sie sind widerstandsfähiger und haben eine kürzere Reifezeit.

Die Länder Südamerikas: Brasilien, Kolumbien, Ecuador, Peru, Venezuela und Bolivien liefern fast 50 Prozent der weltweiten Kaffeeproduktion. Sie exportieren neben durchschnittlichen Qualitäten, die sich gut für Mischungen eignen, die begehrten Hochlandkaffees. Der kolumbianische »Gran Café de Caldas«, ein sortenreiner Arabica aus den Anden, ist als Spitzenkaffee besonders hervorzuheben. Peru hat sich zu einem bedeutenden Lieferanten von Bio-Kaffee entwickelt.

Zentralamerika: In den Ländern Costa Rica, El Salvador, Guatemala, Honduras, Mexiko, Nicaragua und Panama spielt der Kaffeeanbau seit 200 Jahren eine wichtige wirtschaftliche Rolle. Heute deckt die Region nur noch 15 Prozent des Weltbedarfs, liefert aber hohe Qualität. Kaffee wird hauptsächlich von kleinen Farmen produziert, die stark unter dem Verfall der Kaffeepreise gelitten haben. Der Anbau biologisch angebauter Herkunftskaffees nimmt stetig zu. Mexiko hat sich inzwischen zum weltweit größten Anbieter von Bio-Kaffee entwickelt.

Karibik und Hawaii: Trotz hervorragender Anbaubedingungen in den meisten Ländern, werden in der Regel aus der Karibik und Hawaii nur mittlere Qualitäten exportiert. Politische Konflikte und Naturkatastrophen führten immer wieder zu großen Ernteausfällen. Von herausragender Qualität sind jedoch der »Blue Mountain« aus Jamaica und der »Kona-Kaffee« aus Hawaii, für beide zahlen Liebhaber hohe Preise.

Afrika: Die afrikanischen Länder tragen etwa 13 Prozent zur Weltkaffee-Produktion bei. Sie liefern charakteristische Qualitäten, milde, fruchtige Arabicas und beste Robustas. Auch hier nimmt die Produktion der Bio-Kaffees zu. Kenianische Spitzenkaffees sind vor allem in Deutschland beliebt. Der Jemen ist das einzige arabische Land, das Kaffee exportiert. Es werden ausgezeichnete Mokka-Sorten angebaut, die das typische Schokoladen-Aroma haben.

Asien und Australien: Die asiatischen Länder China, Indien, Indonesien, die Philippinen und Vietnam produzieren etwa 20 Prozent des Kaffees weltweit, darunter einige besondere Spezialitäten wie der Indische Monsun-Kaffee reift wochenlang unter dem Einfluss des Monsuns und Kopi Luwak aus Indonesien. (s. Seite 17).

Australiens Kaffee besticht durch hohe Qualität, wird aber kaum exportiert. Er ist sehr mild und enthält wenig Bitterstoffe. Der »Australia Queensland Skybury« wird wegen seines Aromas noch höher eingeschätzt als der »Blue Mountain« aus Jamaica.

Ausführlichere Beschreibungen der Länder und ihrer Spezialitäten finden Sie im Glossar ab Seite 156.

WARENKUNDE

Es gibt viele verschiedene Kaffee-Arten, aber nur zwei, die weltweit von Bedeutung sind. Die aus dem äthiopischen Raum stammende *Coffea arabica* ist die wichtigste, ihr Anteil an der Weltproduktion ist etwa 60 Prozent. Sie wächst in Äthiopien heute noch wild. Die Arabica-Art hat im Laufe der Verbreitung viele Unterarten entwickelt. Z. B. den fruchtigen Coffea arabica Mocca, den milden Maragogype mit besonders großen Bohnen, Bourbon und Tipica. Sie werden erst in den letzten Jahren häufiger sortenrein angeboten. Anbauort, Ernte und Verarbeitung entscheiden, ob aus den Bohnen ein Gourmet-Kaffee oder eine preiswertere Mischung entsteht.

Die zweite wichtige Art ist *Coffea canephora* mit der Sorte Robusta, die schnellwüchsig, ertragreicher und widerstandsfähiger als die Arabica ist. Für den typischen Robusta-Geschmack sind ein hoher Säureanteil und verschiedene Bitterstoffe verantwortlich. Sie hat einen doppelt so hohen Koffeingehalt und einen geringeren Ölanteil als die Arabica-Bohnen. Robusta-Bohnen werden zu deutlich niedrigeren Preisen als Arabica gehandelt und dadurch oft weniger sorgfältig verarbeitet. Es gibt heute aber auch hochwertigen Spezialitäten- oder Gourmet-Robusta. In Espressomischungen sorgt die Robusta für eine schöne Crema.

Die Ernte

Die Erntezeiten variieren entsprechend der geographischen Lage. Nördlich des Äquators (z. B. in Äthiopien oder Mittelamerika) findet die Ernte zwischen September und Dezember statt. Südlich des Äquators (z. B. Brasilien und Simbabwe) ist die Haupternte im April oder Mai, kann sich aber bis August hinziehen. In den nahezu subtropischen Ländern am Äquator (z. B. Uganda oder Kolumbien) kommt es zu mehreren Ernten pro Jahr. Es gibt unterschiedliche Erntemethoden, die Einfluss auf die Qualität des Kaffes haben. Bei der Picking-Methode werden nur die roten, reifen Kaffeekirschen gepflückt. Unreife bleiben zurück und werden später geerntet. Das ist die Methode für qualitativ hochwertigen Kaffee. Bei der schnellen Stripping-Methode beginnt man mit der Ernte, wenn die meisten Kirschen rot sind. Sie werden mit einem Kamm von den Zweigen gestreift. Dabei werden alle Kirschen geerntet. Die unreifen, beschädigten und überreifen müssen später aussortiert werden. Schlechte Bohnen, die übersehen werden, mindern die Qualität. Auch bei der Weiterverarbeitung gibt es zwei Varianten: die »trockene« und die »nasse Aufbereitung«. Die Bohnen werden danach als »unwashed« oder »washed« bezeichnet (s. Seite 17).

Perlbohnen Kenia (1): Perlbohnen sind eine Laune der Natur. Wo sich normalerweise zwei Bohnen in der Kaffeekirsche befinden, ist es hier nur eine runde Bohne. Kenianischer Kaffee ist aromatisch und angenehm fruchtig. Säure und Körper sind sehr ausgewogen. Der Kaffee ist in Handelsklassen eingeteilt. Peaberry = Perlbohnen (PB) sind die Besten.

Java Robusta unwashed (2): Auf Java werden hauptsächlich Robusta-Kaffees angebaut, nachdem 1877 der Kaffeerost alle Plantagen zerstört hatte. Unwashed bedeutet, dass die Bohnen nach der Ernte trocken aufbereitet werden, d. h. an der Luft oder in Dörranlagen getrocknet werden. Nach zwei bis drei Wochen werden die Bohnen mit Schälmaschinen aus der Fruchthülle gelöst.

India Malabar monsooned (3): Malabar wird im indischen Distrikt Kerala angebaut. Kaffee mit der Bezeichnung »monsooned« wird, während der Trocknung mehrere Wochen den feuchten Monsunwinden und dem Monsunregen ausgesetzt. Durch die Reifung im feuchten Klima wird der Kaffee sehr mild. Ein sehr gut verträglicher Kaffee, ohne Säure, mit einem würzigen, kraftvollem Körper, weich und vollmundig.

Indian washed (4): Washed steht für die nasse Aufbereitung. Dabei werden die Kirschen in fließendem Wasser gereinigt, minderwertige Früchte ausgelesen. Dann wird das Fruchtfleisch maschinell von den Bohnen gequetscht. Im anschließenden Gärprozess lösen sich die Reste des Fruchtfleischs von den Bohnen. Sie werden noch einmal gewaschen und getrocknet. Die Methode ist Aroma schonender, aber auch teurer, als das trockene Verfahren.

Nicaragua Maragogype Arabica (5): Kaffeebohnen aus Nicaragua gelten als die größten Bohnen der Welt und sind reine Arabica-Sorten. Sie werden sowohl für Mischungen verwendet als auch wegen ihrer Größe und ihres ansprechenden Aussehens sortenrein verkauft. Neben der Sorte Maragogype werden Jinotega und Matagalpa angebaut, die ihre Namen nach den höchstgelegenen Regionen Nicaraguas tragen.

Indonesia Luwak Robusta (6): Die wild wachsenden Kaffeekirschen werden von Schleichkatzen gefressen, in deren Darm fermentiert und wieder ausgeschieden. Die Bohnen werden gesammelt und aufbereitet. Die naturgemäß geringe Produktion beträgt 200 kg. Die Nachfrage und der Preis sind sensationell hoch. Der Kaffee schmeckt mild und weniger bitter.

Arabica Maragogype (7): Die Riesen- oder Elefantenbohnen Maragogype sind sehr leicht und mild im Geschmack. Diese botanische Rarität ist sehr aufwändig im Anbau. Traditionell wächst sie in Mexiko, Nicaragua und Kolumbien. »Maragogype« ist der Name des Ortes in der nordbrasilianischen Provinz Bahia, in der die Riesenbohnen erstmals entdeckt wurden.

Hawaii Kona fancy (8): Der Kaffeeanbau erfolgt an den Hängen des Vulkans Mauna Loa im westlichen Kona-Distrikt auf Hawaii. Die Kona-Bohne ist glänzender und besser proportioniert als jede andere Kaffeebohne. Kona hat einen ungewöhnlich kraftvollen, ausgereiften Körper und einen sehr charakteristischen, leicht nussigen Geschmack, eine feine, leichte Säure und ein wunderbares Aroma. Er zählt zu den teuersten Kaffees.

KAFFEE – EIN WICHTIGES HANDELSGUT

Kaffee ist nach Erdöl das zweitwichtigste Handelsgut der Welt. In Hamburg, Deutschlands Kaffeehauptstadt, wird ein Zehntel der Weltproduktion gehandelt. Nur ein geringer Teil wird in Hamburg angelandet, von hier aus wird der Kaffee vor allem verkauft. Einer der größten Kaffeehändler der Welt und Kaffeedynastien wie Darboven, Neumann oder Rothfos residieren hier. Im Zentrum des Kaffeehandels, der altehrwürdigen Speicherstadt, riecht es in allen Straßenzügen intensiv nach Kaffee. In den Büros am Sandtorkai schwirren die Sprachen durcheinander, es geht hier um Kaffee – um alle Sorten aus allen Anbauländern der Welt. In diese Büros kommen Händler aus ganz Deutschland, um sich ihren speziellen Kaffee, den sie unter ihrer Handelsmarke verkaufen, mischen zu lassen. Kaffeeproben aus allen Anbaugebieten ermöglichen es, ganz spezielle Mischungen herzustellen. Dabei wird auch die Dauer der Röstzeit festgelegt, die für den Geschmack eine ganz wichtige Rolle spielt. In intensiven Verkostungen (tastings) wird eine Mischung erarbeitet.

Ein Blick zurück

Nach dem Zweiten Weltkrieg gab es in Deutschland eine heile Kaffeewelt mit einigen tausend Röstern. Oft waren es kleine Betriebe – der Laden um die Ecke – die frisch rösteten. In den 50er und 60er Jahren stiegen die Kosten stetig, die Endverbraucherpreise weniger. Die Verdienstspannen für den Handel sanken. Dann verlangte der Gesetzgeber umfangreiche technische Auflagen für die Betriebe wie Katalysatoren etc., um die Emissionen der Röstereien zu reduzieren. Diese Anordnungen konnten viele Firmen nicht erfüllen. Das Geschäft mit dem Kaffee war nicht mehr lukrativ, so dass viele Kaffeefirmen aufgaben. Der Zahl der Kaffeeröster sank von 2000 auf einige große Firmen, die heute 90 Prozent des Kaffeemarktes beherrschen.

Durch heftige Preiskämpfe fiel der Verkaufspreis des Röstkaffees auf den heutigen niedrigen Stand.

Diese Entwicklung hatte natürlich auch Auswirkungen auf die Kaffeequalität. Erkennbar auch in den Einfuhrmengen von Rohkaffee: Seit 2000 verlor Kolumbien, Produzent von hochwertigem, gewaschenem Arabica-Kaffee, seinen zweiten Platz in der Weltproduktion an Vietnam, Produzent von ungewaschenem Robusta-Kaffee schlichter Qualität. Das asiatische Land konnte seine Produktion von 150 000 Sack auf 16 Millionen jährlich steigern.

Zukunft von Qualitätskaffee

Thimo Drews, Hamburger Kaffee-Spezialitätenhändler, sieht in diesem Entwicklung aber auch etwas Positives: »Die qualitätsbewussten Käufer machen diesen Wandel nicht mit und suchen sich wieder einen guten Kaffee!« Der Händler arbeitete schon als Schüler in Hamburger Kaffeelagern, wurde dann Händler, leitet heute ein Kaffeehandelshaus mit sieben Mitarbeitern und kann seit über 20 Jahren von der braunen Bohne nicht lassen.

»Es hat sich ein Gourmet-Kaffeemarkt aufgetan, der vor allem von kleinen Kaffeeröstereien bedient wird!«

Um Qualität kümmert sich auch die Vereinigung »Cup of Excellence«, deren internationale Juroren alljährlich in verschiedenen Erzeugerländern die Ernte testen und bewerten. Sie suchen die 30 besten Produzenten, deren Kaffee dann im Internet verauktioniert wird. Drews:

Unten: Mit der Gründung des Hamburger Freihafens im Jahre 1888 wurde in Hamburg mit der Speicherstadt einer der größten Zwischenspeicher für Kaffee, Kakao, exotische Gewürze und wertvolle Orientteppiche errichtet. Auch heute wird ein Großteil der Lagerhäuser der Speicherstadt noch als Speicher genutzt. Die Speicherhäuser sind so konzipiert, dass sich ohne zusätzliche Belüftung im Inneren der Gebäude immer eine konstant kühle Temperatur hält.

Oben: In Säcken lagern hier Rohkaffees aus allen Anbaugebieten der Welt. Hier in Hamburg werden sie als individuell zusammengestellte Mischung oder als sortenreine Kaffees an Röster und Händler weiterverkauft.

»Das ist wie beim Wein testen, wir suchen wie die Weinexperten die besten Sorten des Jahres!«

So haben kleine Kaffeefarmer, deren Kaffee niemals auf den Weltmarkt gehandelt werden würde, die Chance, ihren prämierten Kaffee zu verkaufen. Drews ist selbst Juror. Er nutzt die Besuche in den Erzeugerländern auch, um vor Ort Kaffeefarmer als mögliche Kooperations- und Handelspartner zu finden um für seine Kaffees eine umfassende Informationskette von der Produktion bis zum Konsumenten zu sichern.

Die Zukunft des Kaffeemarktes sieht er so: »Wie bei anderen Produkten teilt sich der Kaffeemarkt in einen Massenmarkt und in einen Markt für qualitativ hochwertige, teurere Produkte.« Für diesen Spezialitäten-Kaffeemarkt erwartet Drews einen respektablen Anteil von künftig 15 Prozent. Die restlichen 85 Prozent bleiben Massenware. Er scheint auf gutem Wege zu sein: 300 neue Kaffeeröster sind auf dem Markt und wollen das Qualitätsbewusstsein des Kaffeeverbrauchers schärfen.

Fairer Handel

25 Millionen Menschen leben weltweit vom Kaffeeanbau und sind abhängig vom Auf und Ab der Rohkaffeepreise. Sie haben besonders unter dem Preisverfall gelitten. Doch auch steigende Kaffeepreise sind für die Kaffeebauern nicht unbedingt mit steigendem Einkommen verbunden. Zum einen versuchen die Großröster bereits beim Einkauf zu sparen. Zum anderen erhält der Kaffeebauer im Durchschnitt nur 10 Prozent des Preises, den der Endverbraucher zahlt. Die restlichen 90 Prozent teilen sich Transporteure, Zwischenhändler, Röstereien, Verpackungsindustrie und Einzelhandel. Genau da setzen die Verfechter des fairen Handels an.

Die Fair-Trade-Bewegung entstand in den 70er-Jahren. Es ging und geht darum, die Handelswege und Preise für Kaffee und andere Rohprodukte transparenter zu machen und die kleinen Erzeuger stärker am Gewinn zu beteiligen. Viele Bauern erhalten für den Rohkaffee nicht annähernd den Preis, der die Herstellungskosten deckt.

Der Verein Trans Fair e.V., der von 40 Organisationen wie Unicef und Miserior getragen wird, garantiert durch ein Gütesiegel Qualität. Röster und Händler verpflichten sich in einem Lizenzvertrag, einen Mindestpreis zu zahlen, der über dem Weltmarktpreis liegt. Vorab werden 60 Prozent des Warenwertes an die Kleinbauern gezahlt und es werden langfristige Abnahmegarantien gegeben. Das hilft den Kommunen, Schulen und Gesundheitszentren zu bauen. Außerdem helfen die Kaffeehandelsfirmen den Bauern, ihre Produktion auf organischen Anbau ohne Pestizide umzustellen. Dafür darf das Gütesiegel genutzt werden.

Inzwischen erreicht der fair gehandelte und biologisch angebaute Kaffee einen erstaunlichen Weltmarktanteil von knapp 2 Prozent mit steigender Tendenz. Denn der Bio-Kaffeemarkt wächst jährlich um 10 bis 20 Prozent, während der Gesamtkaffeeabsatz nur um 1 Prozent zunimmt. Rund eine Million Familien in über 30 Ländern leben inzwischen vom Bio-Kaffee. Bei uns ist er inzwischen auch in Supermärkten zu finden. Auch Unternehmen wie Tchibo und Starbucks haben Bio-Kaffee und fair gehandelten Kaffe in ihre Sortimente aufgenommen.

Der Geschmack sortenreiner Kaffees ist so unterschiedlich wie die Länder und Kulturen, in denen Kaffee angebaut wird. Im Hamburger Kaffeebüro am Sandtorkai werden Kaffeeproben verkostet. Dazu werden die Bohnen gemahlen und mit frisch aufgekochtem, auf 95° abgekühltem Wasser aufgegossen. Dabei entwickelt sich Schaum. Kurz umrühren und 3–4 Minuten ziehen lassen. Beurteilt wird der Geruch, die Konsistenz des Schaums, Farbe, Dichte und Geschmack des Kaffees. Probiert wird mit einem großen Löffel – dabei wird heftig geschlürft.

DIE STILLE KAFFEEREVOLUTION

Die Marktkonzentration und den Verdrängungswettbewerb über den Preis haben die meisten kleinen Röster nicht überlebt. Der damit verbundene Qualitätsverlust fiel leider nur Kennern auf. Für wirklich guten Kaffee braucht man hochwertigen Rohkaffee und Zeit und Wissen für die sorgfältige Röstung.

Die Röstung

Es knistert und knackt im Trommelröster. Die Bohnen platzen in der Hitze auf wie Popcorn. Bei 200 bis 230° werden die Bohnen in der Trommel bewegt, werden in der heißen Luft und durch die Berührung mit der heißen Trommelwand geröstet. Dabei verdampft das Wasser in der Bohne und bläht sie auf das Doppelte ihres Volumens auf. Gleichzeitig werden sie durch den Wasserverlust etwa 20 Prozent leichter. Die grünen Rohkaffeebohnen verwandeln sich in duftende, aromatische Köstlichkeiten. Bis zu 1000 Aromastoffe werden so freigesetzt.

Zwei Dinge sind beim Rösten entscheidend: die Dauer und die Temperatur. Die Dauer der Röstung beeinflusst die Kaffeesäuren, die je nach Sorte und Ursprungsland unterschiedlich sind. Zu Beginn der Röstung entstehen unerwünschte Säuren, die bei langsamer Röstung wieder abgebaut werden. Darum sind langsam dunkel geröstete Espressobohnen in der Regel säureärmer als hell geröstete Bohnen. Die Hitze setzt einen chemischen Prozess in Gang, bei dem aus Zucker und Eiweiß aromatische Verbindungen entstehen. Bei längerer Röstung treten Öle aus den Bohnen aus. Auch sie tragen zum Aroma bei und geben den Bohnen außerdem den feinen Glanz, der bei Espressobohnen auffällt. Diese Aromaöle sind leicht flüchtig und in Verbindung mit Sauerstoff oxidieren sie sehr schnell und werden ranzig. Das heißt, dass Kaffee frisch geröstet am besten schmeckt und schon nach kurzer Zeit Aroma verliert. Nach Abschluss der Röstung müssen die Bohnen schnell abgekühlt und möglichst direkt verpackt werden,.

Wieder entdeckte Qualität

Seit einigen Jahren tut sich etwas. Man kann in vielen Städten kleine Kaffee-Röster entdecken, die ausgewählte Rohkaffeesorten einkaufen und sorgfältig und in kleinen Mengen weiterverarbeiten. So entstehen Kaffeespezialitäten mit hohem Niveau.

Einer dieser Röster ist Ulrich Carroux. Er hat auf dem geschmacklichen Tiefpunkt der deutschen Kaffeewirtschaft begonnen, sich auf die alten handwerklichen Rösterqualitäten und Traditionen zu besinnen. Im Hamburger Stadtteil Blankenese betreibt er seine Kaffeerösterei. Im angeschlossenen Café kann man die frisch gerösteten und gemahlenen Sorten auch gleich probieren. Das Wissen um die Rösttechnik wurde ihm von einem der wenigen Röster vermittelt, die ein Interesse an der Weiterführung der traditionsreichen Rösterzunft haben. Heute röstet Carroux auch für die Topgastronomie Norddeutschlands. An der Erfolgsgeschichte Carroux's lässt sich erkennen, dass Kaffee von hoher Qualität wieder gesucht wird. Seinem Beispiel sind viele gefolgt. Einige haben traditionsreiche Firmen mit neuen Qualitätsansprüchen aufleben lassen, andere haben in neuen, kleinen Röstereien die Idee vom guten Kaffee wieder belebt.

23

Oben: In diesem klassischen Trommelröster von 1969 röstet Ulrich Carroux in Hamburg-Blankenese seinen Spitzenkaffee.

Unten: Die Kaffeeproben zeigen den Weg vom Rohkaffee über die verschiedenen Röstgrade zum fertig gerösteten Kaffee – diese Proben werden in Minutenabständen gezogen.

Schoko-Mint
Kaffee
Eierlikör
Kaffee
Macadamia
Kaffee
Haselnuss
Kaffee

ONKO
naturmild
ONKO
klassisch
ONKO
JACOBS
milea
Dallmayr
entcoffeiniert
Dallmayr
prodomo
BIO
3,59
4,79
4,49
Bio
HARMONIE
JACOBS
KRÖNUNG
Free
JACOBS
KRÖNUNG
Balance

VOM KAUFEN UND MAHLEN

Beim Einkauf fängt der Kaffeegenuss an. Wie in der guten Küche geht nichts über die Auswahl hochwertiger Grundprodukte.

Frische zählt

Beim Kaffee bedeutet Frische voller Genuss. Kaufen Sie ganze, frisch geröstete Bohnen. Anschließend mahlen Sie sie möglichst selber, und zwar erst kurz vor dem Kaffeekochen. Achten Sie beim Einkauf der Bohnen unbedingt auf das Röstdatum. Im Kaffeefachgeschäft oder beim Kleinröster wird man gerne Auskunft geben. Der Röstvorgang sollte nicht länger als eine Woche zurückliegen. Wenn Sie vakuumverpackte ganze Bohnen oder gemahlenen Kaffee im Supermarkt kaufen, dann schauen Sie auf das Haltbarkeitsdatum. Der Kaffee sollte noch mindestens 10 Monate haltbar sein.

Flüchtige Aromen

Gerösteter Kaffee verliert schnell sein Aroma. Flüchtige Aromastoffe und die Aroma tragenden Öle auf der Bohne reagieren mit Sauerstoff und verändern sich. Darum kaufen Sie lieber kleine Mengen und verbrauchen Sie den Kaffee innerhalb von zwei Wochen. Wenn die Packung geöffnet ist, füllen Sie die Bohnen nicht um. Sie dürfen möglichst wenig Kontakt mit Sauerstoff haben. Verschließen Sie die Folienverpackung und bewahren Sie sie in einer gut schließenden Dose möglichst kühl auf.

Das Mahlen

Gemahlener Kaffee verliert noch schneller sein Aroma – dagegen hilft auch die beste Verpackung nichts. Deshalb gehört die Mühle zum Kaffeezubereiten wie der Toaster zum Frühstück.

Die Propellermühle ist die meistverwendete Haushaltsmühle. Das am Boden befestigte rotierende Messer ist eigentlich ein Schlagwerk. Es zerkleinert den Kaffee nicht gleichmäßig. Das Mahlgut unten am Boden ist feiner als das weiter oben. Darum sollte man das Gerät beim Mahlen bewegen.

Optimal sind Mühlen mit einem geschmiedeten Kegelmahlwerk. Hier lässt sich der gewünschte Mahlgrad einstellen und die Bohnen werden gleichmäßig gemahlen ohne dabei zu heiß zu werden. Alle Mühlen müssen regelmäßig gereinigt werden, da sich beim Mahlen Öle und Wachse ablagern, die schnell ranzig werden.

Der Mahlgrad

Für das Mahlen gilt die Regel, je länger das Wasser mit dem Kaffee Kontakt hat, umso grober muss gemahlen werden. Je feiner er gemahlen ist, desto schneller lösen sich seine Inhaltsstoffe.

➤ Türkischer Kaffee – wird am feinsten gemahlen. Dafür gibt es spezielle Mokka-Mühlen.
➤ Espresso mit einer kurzen Brühzeit von 20 bis 30 Sekunden wird sehr fein gemahlen.
➤ Filterkaffee – Brühzeit etwa 2–3 Minuten – wird mittelfein gemahlen. Für handgefilterten Kaffee einen Mahlgrad feiner einstellen, da die Brühzeit etwas kürzer ist.
➤ Aufgusskaffee oder in der Pressstempelkanne zubereiteter Kaffee mit einer Brühzeit von 4–6 Minuten wird grob gemahlen.

Oben links: Der Kaffeeeinkauf beim Röster ist eine genussvolle Angelegenheit. Der Duft des frisch gerösteten Kaffees, das sanfte Geräusch, mit dem die Kaffeebohnen in die Tüte gleiten …

Mitte rechts: Wenn Sie keine Kaffeemühle besitzen, können Sie den Kaffee beim Händler mahlen lassen. Sagen Sie ihm, für welche Art der Zubereitung Sie ihn verwenden wollen, damit er den richtigen Mahlgrad einstellt.

Oben rechts: Es gibt verschiedene Wege, Kaffe zu aromatisieren. Entweder werden die Aromastoffe mitgeröstet oder die gerösteten, noch heißen Bohnen werden mit Aromasirup besprüht. Im Orient werden aromatische Gewürze bei der Zubereitung des Kaffees dazugegeben. Heute wird oft Gewürz- oder Fruchtsirup verwendet.

Unten: Das Kaffeeangebot im Supermarkt ist oft unüberschaubar. Neben den klassischen Marken werden aber von vielen Ketten seit einiger Zeit auch Bio-Kaffees und fair gehandelter Kaffee geführt.

KAFFEE ZUBEREITEN
VIELE WEGE ZUM GENUSS

DAS AUFBRÜHEN OHNE MASCHINELLE MÜHEN

In Zeiten hochmoderner Kaffeemaschinen hat die gute alte Brühmethode schon etwas Anrührendes. Sie ist die älteste aller Methoden der Kaffeezubereitung, aber auch heute noch die am weitesten verbreitete. Die Bohnen werden gemahlen, in eine Kanne geben und mit heißem Wasser übergossen. Sehr einfach, doch auch hier gibt es Regeln.

Die Bohnen sollten möglichst Arabica-Bohnen sein, weil ihre feinen Säuren und Aromen bei dieser Methode am besten zur Geltung kommen. Der Mahlgrad sollte mittelfein oder gröber sein. Das ist wichtig, weil das Kaffeemehl bei dieser Methode lange Kontakt mit dem Wasser hat und bei feinerem Mahlgrad unerwünschte Geschmacksstoffe aus dem Kaffee gelöst werden. Das Wasser sollte eine Temperatur von 90–95° haben. Lassen Sie den Kaffee 4–7 Minuten ziehen und gießen Sie ihn vorsichtig, damit der Kaffeesatz möglichst am Boden der Kanne bleibt, durch ein Sieb in eine vorgewärmte Kanne.

Die Kaffee-Profis machen es nicht anders. Die Händler und Verkoster in den Kaffeehandelshäusern der ganzen Welt probieren Kaffeesorten auf diese Weise. Sie bereiten die verschiedenen Sorten unter gleichen Bedingungen zu und verkosten sie (s. auch Seite 21). Ihre Büros sind den ganzen Tag von einem wunderbaren Kaffeeduft erfüllt.

Verkosten – ein Spaß für Kaffeefreunde

Die Vielfalt des Kaffee-Angebots hat in den letzten Jahren stark zugenommen. Es gibt viele Anbieter, die wieder sortenreine Kaffees aus verschiedenen Anbaugebieten als ganze Bohnen – im Idealfall frisch geröstet – verkaufen. Deshalb sollten Sie sich einmal den Spaß machen verschiedene Sorten professionell zu verkosten. Kaufen Sie mindestens vier unterschiedliche Sorten,

am besten zwei aus dem Supermarkt und zwei bis drei im Fachgeschäft oder beim Röster um die Ecke. Dazu gehören auch die Kaffeedepots beim Bäcker. Wenn Sie keine Mühle besitzen, lassen Sie die verschiedenen Kaffees beim Kauf grob mahlen. Für eine Verkostung brauchen Sie so viele gleich große Becher oder Kannen, wie Sie Kaffeesorten verkosten wollen. In jedes Gefäß füllen Sie zwei gehäufte Teelöffel der jeweiligen Sorte. Dabei nicht vergessen: zur Kennzeichnung die entsprechende Kaffeetüte hinter die dazugehörige Tasse zu stellen. Jetzt kann man schon einmal schnuppern und versuchen, die Unterschiede im Duft der Kaffees festzustellen.

Dann wird aufgegossen. Dazu mit frisch aufgekochtem, auf 95° abgekühltem Wasser die Tassen erst zur Hälfte, nach wenigen Sekunden bis zum Rand füllen. Dabei bildet sich Schaum auf dem Kaffee. Achten Sie darauf, dass alle Becher gleichmäßig gefüllt sind. Kurz umrühren, dabei nach jeder Tasse den Löffel kurz abspülen. Der Kaffee sollte nun 3–4 Minuten ziehen.

Zur eigentlichen Verkostung werden die Kaffees mit einem großen Esslöffel probiert – dabei darf heftig geschlürft werden. Die Profis beurteilen dabei Geruch, Konsistenz des Schaums, Farbe, Dichte und Geschmack des Kaffees. Falls Sie sich Notizen machen wollen, gibt es eine Fachsprache der Rohkaffeehändler – ähnlich wie die der Weinliebhaber:

VIEL ODER WENIG AROMA – riechen mit der Nase
VOLLMUNDIGER KÖRPER – Gefühl im Mund
FRUCHTIGE SÄURE – Geschmack am Gaumen

Wiederholen Sie solche Verkostungen öfter, erschließt sich Ihnen eine neue Welt des Kaffees. Wenig sinnvoll ist eine Verkostung von gleichen Qualitäten, also nicht nur Massenware auswählen.

1

2

3

4

FILTERKAFFEE – GENUSS OHNE SATZ IN DER TASSE

Es gibt eine Vielzahl von Zubereitungsmethoden, die aus der langen Historie des Kaffees resultieren. Grundsätzlich ist zwischen Handfilterung und Maschinenzubereitung zu unterscheiden. Immer mehr Kaffeeliebhaber gehen wieder zum Handfiltern über, weil hierbei Stärke und Geschmack des Kaffees am leichtesten beeinflusst werden können. Aber schon beim Handfiltern gibt es interessante Unterschiede.

Die klassische Methode (2)

Klassisch ist der Porzellanfilter mit Filtertüte. Der mittelfein gemahlene Kaffee wird eingefüllt – 1 Löffel pro Tasse – und etwas Wasser aufgegossen. Das Kaffeemehl muss quellen. Dann wird der Filter randvoll gegossen und der duftende Kaffee läuft in die vorgewärmte Kanne. Warten Sie, bis der Filter ganz leer ist und gießen Sie erneut auf. In die Mitte, nicht den Kaffee vom Rand abspülen. Das nennt man schwallweise aufbrühen. Dabei hat der Kaffee zwischendurch Zeit zu quellen und gibt die ganze Bandbreite der Aromastoffe an das Wasser ab. Je schneller das Wasser durch den Kaffee läuft, desto weniger Inhaltsstoffe lösen sich. Läuft das Wasser zu langsam durch, kann es sein, dass wenige der flüchtigen Aromastoffe und zu viele Bitterstoffe im Kaffee landen. Das passiert auch, wenn der Kaffee zu fein gemahlen ist.

Porzellan- und Metallfilter (3)

Neben der klassischen Methode mit Filtertüte gibt es Filtermethoden, die ohne Papier funktionieren. Die Karlsbader Kanne z. B. ist eine mehrteilige Kanne mit einem Porzellanfilteraufsatz, in den der gemahlene Kaffee direkt gefüllt wird. Nur wenige Porzellanhersteller konnten früher ein so feines Porzellansieb herstellen. Trotzdem sollten Sie für diese Methode den Kaffee eher grob mahlen.

Auch der Goldfilter kommt ohne Filterpapier aus. Der mit diesen Filtern zubereitete Kaffee wird für sein besonders volles Aroma geschätzt.

Porzellan- und Metallfilter müssen immer sehr sorgfältig gereinigt werden, da sich bei der Zubereitung Fette aus dem Kaffee direkt auf dem Filter absetzen und nicht mit dem Filterpapier entsorgt werden.

French-Press-Kanne (1)

Die Pressstempelkanne oder French-Press-Kanne funktioniert schnell und bequem, das Produkt ist aber vielen Kaffeefreunden zu trüb in der Tasse. Pro Tasse werden 1–2 Kaffeelöffel eher grob gemahlener Kaffee direkt in die vorgewärmte zylindrische Glaskanne gegeben, etwas Wasser zum Quellen dazugegossen, dann aufgegossen und umgerührt. Nach 3–4 Minuten wird der an einer Stange angebrachte Siebfilter heruntergedrückt. Achten Sie darauf, dass der Siebfilter aus Metall ist. Auch er muss regelmäßig gründlich gereinigt werden. Kunststofffilter sind oft nicht so haltbar.

Cona-Kanne (4)

Die Cona-Kanne ist eine Glaskolbenkaffeemaschine. Sie ist nicht sehr verbreitet und erinnert etwas an ein Laborgerät – die Kaffeezubereitung damit hat aber hohen Unterhaltungswert. In den oberen Teil der Kanne wird pro Tasse 6–8 g gemahlener Kaffee gefüllt, in den unteren entsprechend viel Wasser. Die Kanne wird auf den Herd oder einen Brenner gestellt. Das Wasser kocht und wird durch Überdruck durch ein Ventil nach oben gepresst. Dort vermischt es sich mit dem Kaffee. Der Kaffee sollte 3–4 Minuten ziehen. Wenn Sie die Kanne dann vom Herd nehmen, bricht der Druck zusammen und der Kaffee wird durch den Unterdruck in die untere Kanne zurückgesaugt und kann serviert werden.

Kaffeemaschinen

Das Angebot ist unendlich vielfältig. Sie sind für die unterschiedlichsten Bedürfnisse und in jeder Preisklasse im Angebot. Mit den meisten Maschinen lässt sich guter Kaffee brühen, wenn einige wichtige Regeln eingehalten werden.

Verwenden Sie auch hier frischen Kaffee – frisch geröstet und frisch gemahlen – und trinken sie ihn frisch zubereitet. Kaffee, der länger auf der Wärmeplatte steht, verliert Aroma und Geschmack. Wenn er kurze Zeit warm gehalten werden muss, füllen sie ihn in eine Thermoskanne um.

Auch hier müssen alle Teile der Maschinen, die mit Kaffee in Berührung kommen, regelmäßig gründlich gereinigt werden, weil sich Wachse und Öle aus dem Kaffee daran festsetzen. Und die Maschinen müssen regelmäßig entkalkt werden. Oft liegt das schlechte Ergebnis nur an unzureichender Pflege der Maschine.

Café Maria Theresia

Für 4 Personen

4 frisch zubereitete doppelte Espressi

100 ml warme Milch

8 cl Orangenlikör | 8 EL Sahne

Schokospäne zum Betreuen

Zubereitungszeit: 8 Min.
Pro Glas ca. 120 kcal

Den Espresso in 4 Stielgläser verteilen und mit etwas Milch verrühren. Je 2 cl Orangenlikör dazugeben und 2 EL geschlagene Sahne darauf setzen. Mit Schokospänen bestreuen.

Österreich oder die Könige des Kaffeehauses

Unter der einstigen k.u.k-Monarchie hat sich wohl die größte Kaffeehaus-Kultur entwickelt. Hier eine kleine Auswahl der österreichischen Kaffeespezialitäten.

SCHWARZER, MOKKA, PICCOLO: starker Kaffee (8 g pro Tasse) als Aufguss, Brühkaffee oder mit der Espressomaschine zubereitet

BRAUNER: Kaffee mit Milch

EINSPÄNNER: doppelter Espresso oder Mokka im Glas serviert mit dicker Schlagsahnehaube und Schokoraspeln

FIAKER: großer Schwarzer im Glas mit Rum oder Cognac und geschlagener Sahne

KAPUZINER: starker Kaffee mit einer Sahnehaube, bestäubt mit Kakao

KONSUL: Großer Schwarzer mit einem Schuss frischer Sahne

KAFFEE VERKEHRT: mehr Milch als Kaffee

MELANGE: wie Milchkaffee halb Kaffee, halb Milch mit Milchschaum

KAISERMELANGE: Schwarzer mit Eigelb und Honig oder Zucker verquirlt

VERLÄNGERTER: kleiner Schwarzer mit einem Kännchen heißem Wasser zum »Verlängern«

FRANZISKANER: lichte Melange mit Schlagobers und Schokostreusel

KOSAKENKAFFEE: Kleiner Mokka im Einspännerglas, vermischt mit Rotwein, Wodka und flüssigem Zucker

MAZAGRAN: Kalter gesüßter Kaffee mit Eisstückchen und Maraschino oder Cognac

Kaffee Luz

Für 4 Gläser

8 Stück Würfelzucker

16 cl Tresterschnaps (Birnenträsch, Grappa, Marc)

1/2 l frisch zubereiteter, schwacher Filterkaffee

Zubereitungszeit: 5 Min.
Pro Glas: 45 kcal

Je 2 Stück Würfelzucker in ein hohes Glas geben, 4 cl Trester dazugießen. Den Kaffee zubereiten und heiß in die Gläser füllen. Mit einem langen Löffel gut umrühren.

Die Schweizer und ihr Kaffee Schümli

Der ganz normale Kaffee heißt in der Schweiz Café Crème. Er wird nach dem Espressoverfahren hergestellt – allerdings wird sehr viel mehr Wasser verwendet. Dabei entsteht eine viel hellere Crema, darum ist dieser Kaffee auch unter dem Namen »Schümli« bekannt – vermutlich abgeleitet von Schaum. Dazu wird Kaffeesahne serviert.

Getrunken wird Kaffee in der Schweiz gern aus einer großen Schale, dem »Cacheli«. Ansonsten haben sich die Schweizer in ihren Kaffeevorlieben stark an ihre italienischen Nachbarn gehalten. Das Angebot von italienischen Kaffeespezialitäten ist fast überall gut.

33 ___

CAFÉ AU LAIT

Für 4 Personen

40 g grob gemahlener Kaffee

1/2 l Milch

Zubereitungszeit: 10 Min.
Pro Schale ca. 80 kcal

Das Kaffeepulver in die French-Press-Kanne geben, mit 1/2 l kochendem Wasser aufgießen. 3–5 Min. ziehen lassen, dann den Filterkolben nach unten drücken. Die Milch erhitzen, aber nicht aufkochen lassen. Kaffee und Milch gleichzeitig in die Schalen gießen.

Frankreich und die French-Press-Kanne

Mit ihr wird der dunkel geröstete Kaffee in Frankreich am häufigsten zubereitet. Hier einige andere Zubereitungen:
CAFÉ BRULOT, CAFÉ ROYAL: Weinbrand oder Cognac mit Zucker flambiert und mit Kaffee aufgegossen
CAFÉ CRÈME: Kaffee mit Sahne oder Milch, die durch Dampf aufgeschäumt wird
CAFÉ FILTRE: Kaffee, der mit einem aufgesetzten Filter direkt in die Tasse filtriert wird. Weniger konzentriert als der Erspresso
CAFÉ NATUR: Kaffee ohne Milch

PHARISÄER

Für 4 Personen

1/2 l frisch zubereiteter Filterkaffee

100 g Sahne

120 ml Rum

12 TL Zucker

Zubereitungszeit: 15 Min.
Pro Glas ca. 190 kcal

1 | Den Kaffee zubereiten und die Sahne steif schlagen. Rum erwärmen. Kaffee auf 4 Gläser verteilen.

2 | Den Zucker im Rum auflösen und zu gleichen Teilen auf die Gläser verteilen. Eine Haube Schlagsahne darauf setzen. Nicht umrühren und den Pharisäer durch die Sahne schlürfen.

MEXIKANISCHER KAFFEE

Für 4 Personen

1 Stange Zimt

4 Gewürznelken

5 cm dünn abgeschälte, unbehandelte Orangenschale

6 EL dunkel gerösteter grob gemahlener Kaffee

75 g brauner Rohrzucker

Zubereitungszeit: 20 Min.
Pro Tasse ca. 75 kcal

1 | Den Zimt mit Nelken, Orangenschale und 600 ml Wasser aufkochen, zugedeckt 10 Min. köcheln lassen. Kaffeepulver und Zucker dazugeben und aufkochen lassen.

2 | Vom Herd nehmen und 5 Min. ziehen lassen. Durch ein feines Sieb in Tassen gießen. Mit Orangenschale dekorieren.

MOKKA-MILCHSHAKE

Für 4 Personen

1 Banane

300 ml kalter Filterkaffee

300 ml Milch

4 Kugeln Schokoladeneis

8 Eiswürfel

1 TL Kakaopulver

Zubereitungszeit: 20 Min.
Pro Glas ca. 85 kcal

1 | Die Banane schälen und in Stücke schneiden. Zusammen mit Kaffee, Milch, Schokoladeneis und den Eiswürfeln in einen Mixer füllen. Mixen, bis die Schokomilch dick und cremig ist.

2 | In 4 hohe Gläser füllen, mit Kakaopulver betreuen und mit Trinkhalm servieren.

Unten: Ob ein Espresso gelingt, hängt neben der Wahl der richtigen Mischung zu einem großen Teil von der Zubereitung ab. Nur ein perfekt gerösteter Espressokaffee und höchste Sorgfalt und Sauberkeit bei der Zubereitung garantieren einen aromatischen, von einer perfekten Crema gekrönten Espresso.

Oben: Ein perfekter Espresso – die Crema ist hellbraun, dick und stabil, so dass sich der Zucker lange darauf hält.

VON DER RICHTIGEN ZUBEREITUNG EINES GUTEN ESPRESSO

Die Faustregel für die Zubereitung lautet: Eine Portion Espressopulver (6–8 g, je nach Größe des Siebes) sollten in etwa 22–25 Sekunden Durchlaufzeit etwa 30 ml Kaffee ergeben, eine Espressotasse also etwa zu zwei Dritteln füllen.

Mahlgrad und die Pulvermenge

Das Sieb wird mit so viel Espressopulver gefüllt, dass es nicht gegen die Andruckfläche im oberen Sieb der Espressomaschine drückt. Schauen Sie nach einem Durchlauf in den Siebträger. Erkennt man einen deutlichen Abdruck des oberen Siebes auf dem angepressten Kaffee, war die Portion des Kaffeemehls zu groß, sind kleine Krater und Löcher sichtbar, war die Menge zu gering. Nachdem Sie die richtige Füllmenge für das Sieb bestimmt haben, verändern Sie den Mahlgrad der Kaffeemühle so, dass die Durchlaufzeit (Extraktionszeit) des Espresso ungefähr 20–25 Sekunden beträgt. Auch hier gibt es ein Kennzeichen: Ist ein heller Fleck auf der Crema zu sehen, wurde die optimale Extraktionszeit überschritten.

Das Kaffeepulver wird mit einem der handelsüblichen Stopfer fest und gleichmäßig angedrückt. Dem Wasserdruck der Pumpe muss ein möglichst gleichmäßiger Widerstand entgegengesetzt werden, damit das heiße Wasser das Kaffeepulver gleichmäßig ausspülen kann. Je fester gestopft wird, desto länger wird die Extraktionszeit sein.

Wird das Pulver zu grob gemahlen oder zu locker gestopft oder beides, dann fließt das Wasser zu schnell durch das Pulver, die Tasse ist bereits nach 10–15 Sekunden bis zum Rand gefüllt. Der Espresso ist wässrig und schmeckt säuerlich. Die meisten Aromastoffe sind im Siebträger geblieben. Der Espresso ist unterextrahiert, er wird von einer dünnen, brüchigen und sehr hellen Crema bedeckt.

Espressokocher ist Standard in jedem italienischen Haushalt, ab 5 Euro erhältlich. In den unteren Teil wird Wasser eingefüllt, das mit Espressopulver gefüllte Sieb hineingestellt und mit dem oberen Kannenteil fest verschraubt. Auf die heiße Herdplatte gestellt, treibt der Druck den Dampf durch das Sieb in den oberen Teil der Kanne und ergibt einen starken Espresso – leider ohne Crema. Weiterer Nachteil: schmeckt leicht verbrannt, weil das Wasser zu heiß wird.

Wird dagegen das Pulver zu fein gemahlen oder zu fest gestopft oder beides, tröpfelt der Espresso in dünnen Fäden in die Tasse, die in 30 Sekunden nicht einmal halb gefüllt wird. Der Espresso schmeckt brandig und bitter. Die Crema ist dunkelbraun, erscheint fast verbrannt.

Ein Espresso, bei dessen Zubereitung alle Handgriffe und Einstellungen perfekt aufeinander abgestimmt waren, läuft als sämig, fetter Auslauf gleichmäßig in die Tasse und füllt diese in etwa 22–25 Sekunden mit einem angenehm aromatisch riechenden Kaffee. Die Crema ist haselnussbraun, 3–5 mm dick und bricht auch nicht auf, wenn man sanft hineinpustet. Der Zucker hält sich lange auf dieser schaumigen Schicht und nach dem Umrühren schließt sie sich sofort wieder – ein perfekter Espresso! So gelingt er nur, wenn einige Grundregeln beachtet werden.

Frischer Kaffee, saubere Maschine

Kaufen Sie kleine Mengen hochwertigen, frisch gerösteten Kaffee. Der Röstzeitpunkt lose gekaufter Bohnen sollte nicht länger als eine Woche zurückliegen, der aromaschutzverpackter Bohnen nicht länger als 4–6 Wochen. Bewahren Sie ihn sorgfältig auf, wie wir es auf Seite 25 beschrieben haben.

Espressomaschine und Kaffeemühle müssen regelmäßig gereinigt werden, um die sich ablagernden Öle aus den Bohnen zu entfernen. Die Fette werden ranzig und verderben den Geschmack der frischen Bohnen. Die Siebträger und die oberen Siebe der Maschine, die so genannten Duschen, sollten täglich mit etwas Spülmittel gereinigt werden. Wenn die Ablagerungen einmal älter und härter geworden sind, muss Spezialreiniger verwendet werden. Mindestens alle 4 Wochen sollte der Wasserfilter der Espressomaschine gründlich gereinigt werden und einmal in der Woche den Trichter der Mühle.

Die richtige Einstellung

Für die richtige Einstellung der Maschine und beim Austüfteln von Mahlgrad und Anpressdruck braucht man ein wenig Zeit. Der Pumpendruck sollte auf 9 bar justiert werden und die Brühtemperatur der Maschine auf 90–92°. Sobald es bei Betätigung aus der Brühgruppe dampft, ist das Brühwasser zu heiß. Vor der Espresso-Zubereitung deshalb immer die Brühgruppe zunächst kurz entleeren, um das aufgeheizte und abgestandene Wasser abzulassen. Achten Sie darauf, dass Maschine, Siebträger und Tassen immer gut vorgewärmt sind.

Welche Espressomaschine ist die richtige

Berücksichtigen Sie beim Kauf, wie oft und mit welcher Leidenschaft Sie Kaffee trinken. Wer ab und zu einen Espresso trinken möchte, braucht keine Profi-Maschine. Wir haben die Ideal-Zubereitung beschrieben. Kleine Maschinen bieten nicht alle Möglichkeiten, aber wenn Sie die Grundregeln »frische Bohnen« und »gut gepflegte Maschine« beherzigen, können Sie auch mit einfachen Geräten einen guten Espresso herstellen.

Eine weitere Möglichkeit für »Wenigtrinker« sind die Systeme mit Pads oder Kapseln. Der Kaffee ist portionsweise vakuumverpackt und bleibt so länger frisch. Der Nachteil ist, dass es sich oft um geschlossene Systeme handelt. Die Kapseln oder Pads passen nur in die Maschine eines bestimmten Herstellers. Oft sind die Maschinen relativ preiswert, dafür ist der Preis für den Kaffee pro Tasse hoch. Die Vorteile sind eine unproblematische Handhabung und die leichte Reinigung der Maschine.

Oben links: Nur frisch gemahlen schmeckt der Kaffee richtig gut. Optimal sind Mühlen mit geschmiedetem Kegelmahlwerk. Der Mahlgrad sollte sich einstellen lassen.

Unten: Auch auf die Tassen kommt es an. Sie sollten gut vorgewärmt sein, dürfen aber auch nicht zu heiß sein. In zu heißen Tassen löst sich die Crema schnell auf.

MILCH MUSS SCHÄUMEN

Ein Milchschaum ist Grundvoraussetzung für jeden guten Cappuccino oder Milchkaffee. Je geringer der Fettgehalt der Milch, desto einfacher lässt sie sich aufschäumen. Mit normaler Milch wird der Schaum schwerer und dichter und hat eine samtigere Struktur. Und er schmeckt vor allem besser.

Für das Gelingen ist es wichtig, dass Sie kalte Milch verwenden. Schäumen Sie nur die Menge auf, die Sie wirklich benötigen. Sie können davon ausgehen, dass sich das Volumen der Milch beim Aufschäumen verdoppelt bis verdreifacht.

Milchkännchen und die richtige Technik

Milch lässt sich am besten in einem Edelstahl-Kännchen aufschäumen. Die Kanne wird zur Hälfte mit kalter Milch gefüllt. Als Nächstes öffnen Sie das Ventil des Dampfhahns für wenige Sekunden, um das darin befindliche Wasser zu entfernen. Dann wird der Dampfhahn möglichst tief in das gefüllte Milchkännchen eingetaucht und das Dampfventil schnell aufgedreht. Dabei sollte der Dampfhahn nicht aus der Milch gezogen werden, denn das produziert unerwünscht große Milchblasen. Senken Sie das Kännchen langsam, bis das Ende des Dampfhahns gerade unter der Milchoberfläche ist. Der Dampfhahn ist dabei in der Mitte des Kännchens. Es soll ein sich im Uhrzeigersinn drehender Wirbel in der Milch entstehen. Wenn die Milch sich ausdehnt, muss das Kännchen weiter abgesenkt werden. Die Düse des Dampfhahns soll immer dicht unter der Milchoberfläche bleiben.

Die herumwirbelnde Milch im Kännchen sollte immer flüssig aussehen. Wenn größere Blasen entstehen oder sich eine Schaumkappe auf der Oberfläche der Milch bildet, korrigieren Sie die Position des Dampfhahns so, dass die Milch wieder in eine sichtbare wirbelnde Bewegung kommt. Das lässt die größeren Blasen verschwinden und bringt den trockenen Schaum wieder unter die Oberfläche. So entsteht die samtige Struktur des Milchschaums.

Es ist wichtig, dass die Milch mindestens auf 60°, höchstens auf 72° erhitzt wird. Wird die Milch heißer, verändert sich der Geschmack.

Wenn doch einmal ein paar große Blasen auftauchen, klopfen Sie das Kännchen mit dem Boden auf den Tisch. Dadurch werden große Blasen aufgebrochen und der Schaum verdichtet.

Der häufigste Fehler ist zu schnelles Erhitzen der Milch ohne Schaumbildung. Heiße Milch schäumt nicht! Das Aufschäumen dauert je nach Menge nur etwa 30 Sekunden.

Frischer Milchschaum schmeckt am besten – darum sollten Sie die aufgeschäumte Milch gleich verwenden, bevor sich Schaum und Milch wieder trennen.

Für alle, die keine Espressomaschine mit Dampfdüse haben, gibt es alternative Methoden, die Milch aufzuschäumen. Milchaufschäumer bestehen aus einem Metallkännchen mit Siebeinsatz (ähnlich wie bei der Siebstempelkanne). Die Milch wird auf dem Herd im Kännchen erhitzt, dann wird der Siebeinsatz kräftig auf und ab bewegt und dadurch die Milch aufgeschäumt. Ebenfalls bewährt haben sich die kleinen batteriegetriebenen Miniquirle. Milch ebenfalls auf dem Herd oder gleich im Becher in der Mikrowelle erhitzen und aufschlagen.

CAPPUCCINO

Für 4 Personen

**4 Portionen frisch zubereiteter Espresso
(s. Seite 36/37)**

300 ml kalte Milch

1/2 TL Kakopulver nach Belieben

Zubereitungszeit: 10 Min.

Pro Tasse ca. 50 kcal

1 | Cappuccinotassen vorwärmen. Den Espresso zubereiten. Die Milch in ein Metallkännchen füllen und aufschäumen.

2 | Den Espresso in 4 Tassen füllen und die aufgeschäumte Milch dazugießen. Wer mag, bestäubt die Milchhaube mit etwas Kakao.

ITALIENISCHER KAFFEE

In Italien zu urlauben heißt Kaffee trinken lernen. Die Italiener haben den Espresso zu einem Teil ihres Alltags gemacht. Der Barista, ein anerkannter Ausbildungsberuf, wacht in der Bar darüber, dass die Kaffeekultur gewahrt bleibt.

Eine kleine Auswahl der italienischen Kaffeespezialitäten und ihre Namen.

CAFFÈ: ein Espresso
CAFFÈ CORRETTO: Espresso mit einem Schuss Grappa
CAFFÈ DOPPIO: doppelter Espresso in einer großen Tasse (max. 150 ml) serviert
CAFFÈ LATTE: halb lungo, halb heiße Milch oder Milchschaum in einer großen Tasse serviert (wie Café au lait)
CAFFÈ LUNGO: ein mit heißem Wasser verlängerter Espresso
CAFFÈ MACCHIATO: ein Espresso in einer Espresso-Tasse mit einem Klecks Milchschaum obendrauf serviert
CAFFÈ MAROCCHINO: ein Espresso mit Schokoladenpulver und Milchschaum in einer großen Tasse serviert
CAFFÈ RISTRETTO: kurzer Espresso, sehr konzentriert, fast dickflüssig (15–20 ml Wasser)
CAPPUCCINO: ein Espresso mit heißer, aufgeschäumter Milch in einer großen Tasse serviert
LATTE MACCHIATO: ein Espresso in einem hohen Glas mit heißer, aufgeschäumter Milch serviert

LATTE MACCHIATO

Für 4 Personen

4 Portionen frisch zubereiteter Espresso (s. Seite 36/37)

600 ml Milch

Zubereitungszeit: 10 Min.
Pro Glas ca. 100 kcal

1 | Latte-Macchiato-Gläser vorwärmen. Den Espresso zubereiten. Die Milch mit der Dampfdüse erhitzen und aufschäumen und in die Gläser verteilen.

2 | Den Espresso über den Rücken eines Löffels langsam am Rand des Glases in die Milch laufen lassen (so ergeben sich Schichten, unten Milch, darüber der Espresso, oben Milchschaum).

GERÜHRTER WIENER EISKAFFEE À LA JOSEF

Für 4 Personen

200 g Sahne

6 Kugeln Vanilleeis

60 ml Eierlikör

60 ml Amaretto

60 ml Baileys

120 ml kalter Espresso

Zubereitungszeit: 15 Min.
Pro Glas ca. 250 kcal

1 | Die Sahne halbsteif schlagen. Das Vanilleeis mit Eierlikör, Amaretto, Baileys und dem Espresso mit einem Pürierstab cremig rühren. Sofort in Gläser füllen und die geschlagene Sahne darauf setzen.

Das Rezept stammt von Josef Viehhauser, der als Sterne-Koch in Hamburg damit seine Gäste erfreute – ein echter Klassiker!

CAFE FOSTER

Für 4 Personen

50 g Sahne

8 TL Rum

4 TL Bananenlikör

4 Portionen frisch zubereiteter Espresso
(s. Seite 36/37)

Zubereitungszeit: 10 Min.
Pro Tasse ca. 70 kcal

1 | Die Sahne steif schlagen. Je 2 TL Rum und 1 TL Bananen-
likör in 4 Espressotassen füllen. Den Espresso zubereiten und
in die Tassen gießen. Je 1 TL Sahne darauf setzen.

SCHOKO-KAFFEE

Für 4 Personen

1 Vanilleschote

600 ml Milch

100 g Zartbitter-Schokolade

4 Portionen frisch zubereiteter Espresso
(s. Seite 36/37)

2 EL Kaffeesirup (s. Seite 153)

Zubereitungszeit: 15 Min.
Pro Glas ca. 240 kcal

1 | Die Vanilleschote längs aufschlitzen. Die Milch mit der
Schote erhitzen. Schokolade in Stücke brechen, in der Milch
unter Rühren schmelzen lassen. Vom Herd nehmen.

2 | Den heißen Espresso und den Sirup unterrühren und
durch ein Sieb in vorgewärmte Gläser gießen.

*Ibrik und Mokkamühle – beide gehören
zur Zubereitung von arabischem Kaffee.*

TÜRKISCHER UND
ORIENTALISCHER KAFFEE

Die türkische Methode Kaffee zu brühen ist jahrhundertealt und lässt sich von der europäisch-amerikanischen Filtermethode nicht verdrängen. Gilt bei uns die Regel, dass Kaffee niemals kochen darf, brodelt der Kaffee im türkischen Cezwe, im arabischen Ibrik oder dem griechischen Briki gleich dreimal hintereinander. Im gesamten Orient und in Kleinasien wird diese Methode verwendet. Kaffee ist ein wichtiger Bestandteil der Kultur der Länder, und ein Essen ohne den abschließenden Kaffee ist undenkbar.

Bagdadkessel und Ibrik

Die Gefäße für die Zubereitung des orientalischen Kaffees sind der Bagdadkessel und der später entstandene Ibrik.

Der Bagdadkessel, ein Kännchen mit langer Tülle und Deckel, ist seit dem 17. Jahrhundert unverändert im Orient und in Kleinasien im Gebrauch. Der Ibrik eine bauchige offene Kanne mit langem Stiel, war schon vorher bekannt. Mit ihm kann am offenen Feuer Kaffee zubereitet werden. Ibriks gibt es in verschiedenen Größen, eine kleine Zahl auf der Unterseite gibt an, wie viele Tassen darin zubereitet werden können.

Für das türkische und orientalische Kaffeeverfahren werden die Bohnen in einer Mokkamühle besonders fein gemahlen. Für jedes Tässchen Kaffee gibt man einen Esslöffel Kaffeemehl und die gleiche Menge Zucker in den Ibrik. Ganz nach Geschmack können Sie Anis, Kardamom oder Zimt dazugeben. Mit den original türkischen Tassen wird die entsprechende Wassermenge abgemessen und zum Kaffeemehl gegeben. Nicht zu viel Wasser verwenden, da der Kaffee stark schäumt.

Der Ibrik wird nun auf einem Kocher erhitzt, bis der Kaffee fast brodelnd überläuft, dann schnell vom Feuer genommen, umgerührt und wieder erhitzt. Das wird dreimal wiederholt.

Nach dem dritten Mal den Kaffee auf die Tassen verteilen und dabei den Schaum nicht vergessen. Vor dem Trinken etwas warten, damit sich das Kaffeemehl am Tassenboden absetzen kann.

KAFFEE MIT GEWÜRZSCHAUM

Für 4 Personen

1 TL Koriandersamen

2 Kardamomkapseln

1 nussgroßes Stück Ingwer

3 EL Zucker

1/4 l Milch

Muskatnuss

4 Portionen frisch zubereiteter Espresso (s. Seite 36/37)

Zubereitungszeit: 15 Min.
Pro Schale ca. 95 kcal

1 | Koriander und Kardamom im Mörser zerstoßen. Ingwer schälen und in Scheiben schneiden, mit dem Zucker in der Milch aufkochen und Muskatnuss darüber reiben. Die Milch durch ein Sieb in eine Milchkanne gießen.

2 | Espresso zubereiten, in Kaffeeschalen verteilen. Die Milch aufschäumen. Auf dem Espresso in den Schalen verteilen. Mit einem Hauch Muskatnuss servieren.

TÜRKISCHER ORANGEN-KAFFEE

Für 4 Personen

100 g Sahne

1 unbehandelte Orange

3 EL Zucker

3 EL sehr fein gemahlener Kaffee (Mokka)

100 ml Orangenlikör

Zubereitungszeit: 15 Min.
Pro Glas ca. 210 kcal

1 | Sahne halbfest schlagen. Die Orange waschen und abtrocknen, die Schale abreiben und mit der Sahne mischen. Orangensaft auspressen.

2 | Zucker und Kaffee mit 1/4 l Wasser im Kaffeekännchen aufkochen. Sobald er überzukochen droht, für 2 Min. vom Herd nehmen. Diesen Vorgang 2-mal wiederholen. Beim letzten Mal Orangensaft und Likör dazugeben und erhitzen.

3 | Kaffee in 4 Gläser verteilen. Die Orangensahne vorsichtig mit einem Löffel darauf setzen. Sofort servieren.

Im Bild links: Türkischer Orangen-Kaffee; rechts: Kaffee mit Gewürzschaum

ESPRESSO MARTINI

Für 1 Glas

2 Eiswürfel

40 ml kalter Espresso

30 ml Wodka

30 ml Kaffeelikör

Kaffeebohnen zum Garnieren

Zubereitungszeit: 5 Min.
Pro Glas ca. 185 kcal

Eiswürfel in ein Martini-Glas geben und mit Espresso, Wodka und Likör auffüllen. Mit Kaffeebohnen bestreuen.

Tipp – Kalter Kaffee

Wer mit Kaffee als Zusatz für kalte Mixgetränke experimentieren möchte, dem sei dieses Rezept empfohlen:
50 g gemahlenen Kaffee in eine Kanne mit Deckel geben, mit 1 l kaltem Wasser aufgießen und 12 Std. ziehen lassen. Nicht im Kühlschrank aufbewahren. Dann durch einen Filter gießen. Den kalten Kaffee in einem verschließbaren Gefäß im Kühlschrank aufbewahren.

KAFFEE COBBLER

Für 1 Glas

1–2 Eiswürfel

20 ml Cognac

20 ml Kaffeelikör

20 ml Zuckersirup

120 ml gekühlter Kaffee

Zubereitungszeit: 10 Min.
Pro Glas ca. 190 kcal

Das Eis fein zerstoßen und das Glas damit zu einem Drittel füllen. Cognac, Likör und Zuckersirup zugießen und mit Kaffee auffüllen.
Mit Trinkhalmen servieren.

BRANDY COCKTAIL

Für 1 Glas

30 ml starker kalter Kaffee

20 ml Brandy

20 cl Eierlikör

30 g Sahne

3 Eiswürfel

Zubereitungszeit: 3 Min.
Pro Glas ca. 620 kcal

Alle Zutaten in einem Shaker kräftig schütteln. Den Cocktail durch ein Sieb in Cocktailgläser gießen und servieren.

BITTER COCKTAIL

Für 1 Glas

3–4 Eiswürfel

30 ml kalter Espresso

1 Eigelb

1 TL Kondensmilch

2 TL Bitter (z. B. Amer, Angostura)

1 Kugel Vanilleeis

Zubereitungszeit: 5 Min.
Pro Glas ca. 115 kcal

Das Eis in einen Shaker geben, zuerst den Espresso, dann Eigelb, Kondensmilch und Bitter zugießen. Alles kräftig schütteln und durch ein Sieb in ein Glas gießen. Zuletzt das Vanilleeis zufügen.

51

TROUBLE-SHOOTING ODER PROBLEME MIT KAFFEE

Wie bei allen Situationen dieser Art gilt die oberste Regel: Ruhe bewahren und gelassen auf Fehlersuche gehen! Hier einige Probleme und ihre möglichen Ursachen.

DER KAFFEE HAT WENIG AROMA
› Zu wenig Kaffee verwendet
› Alten oder schlecht gelagerten Kaffee verwendet
› Nicht frisch gemahlen
› Die Mahlung war zu grob
› Der Brühdruck war zu niedrig (bei Espressoautomaten)
› Das Wasser ist zu hart

DER KAFFE SCHMECKT SAUER
› Kaffee ist zu hell geröstet
› Die Brühtemperatur war zu niedrig
› Die Mahlung war zu grob
› Der Kaffee ist abgestanden
› Es wurde Filterkaffee anstatt Espressokaffee verwendet

DER KAFFEE IST ZU BITTER
› Zu viel Kaffee
› Zu dunkle Röstung
› Zu viel Robusta in der Mischung
› Die Brühtemperatur war höher als 95°
› Zu feiner Mahlgrad
› Zu lange Durchlaufzeit

DER KAFFEE HAT EINEN FREMDGESCHMACK
› Maschine nicht gereinigt – Siebträger und Brühkopf sind mit alten Kaffeerückständen verunreinigt
› Wasser im Tank alt und abgestanden. Der Tank sollte täglich neu gefüllt werden

› Maschine wurde nach der Reinigung nicht ausreichend mit Wasser durchgespült, dadurch bleibt der Geschmack von Reinigungsmitteln zurück
› Schlechte Bohnenqualität.

PROBLEME MIT DER CREMA
› Alter Espressokaffee – angebrochene Packungen dürfen nicht offen im Kühlschrank aufbewahrt werden
› Mahlung zu grob. Der Mahlgrad der Kaffeemühle muss feiner eingestellt werden
› Zu wenig Kaffee verwendet. Der Filterkorb muss bis fast zum Rand mit Kaffeepulver gefüllt und die Fläche mit einem Stößel festgestampft werden. Sonst läuft das Wasser zu schnell durch.
› Mahlung zu fein oder zu viel Kaffee verwendet – das Wasser läuft zu langsam durch. Der Kaffee im Filterkopf darf nicht zu fest gestampft werden
› Der Kaffee war nicht frisch gemahlen
› Brühtemperatur war zu niedrig, die Maschine war nicht gut vorgewärmt. Jede Maschine braucht mindestens 10–20 Minuten Vorlaufzeit
› Brühtemperatur war zu hoch
› Tassen waren nicht vorgewärmt
› Der Wasserdruck war zu niedrig

DER ESPRESSO LÄUFT ZU LANGSAM DURCH (LÄNGER ALS 30 SEKUNDEN)
› Zu viel Kaffee verwendet
› Pumpe baut keinen Druck auf – möglich ist ein technischer Defekt
› Siebträger verstopft – gründlich mit warmem Wasser durchspülen
› Maschine verunreinigt und/oder verkalkt – gründlich reinigen

Oben links: So soll Espresso sein. Er hat eine perfekte, haselnussbraune Crema.
Oben Mitte: Crema mit Flecken – die optimale Extraktionszeit wurde überschritten (s. Seite 37).

Oben rechts: Dünne Crema – der Espresso ist unterextrahiert. Durch zu grobes Kaffeemehl oder zu lockeres Stopfen ist das Wasser zu schnell durchgelaufen.

Unten links: Kaffeestopfer – am besten aus Metall und plan.
Unten Mitte: So sieht ein perfekt gefülltes Sieb nach der Espressozubereitung aus.

Unten rechts: Das obere Sieb vom Brühkopf drückt sich im Kaffeesatz ab – die eingefüllte Kaffeemenge war zu groß.

FINGERFOOD-TÖRTCHEN

UNWIDERSTEHLICH CREMIG, FRUCHTIG, SCHOKOLADIG

DIE REZEPTE

HIMBEERTÖRTCHEN

Für 10 Törtchen mit 8 cm Durchmesser

Für den Teig:

1/2 Bio-Zitrone

20 g Marzipanrohmasse

2 Eigelbe

250 g kalte Butter

125 g Puderzucker

1/4 TL Vanilleextrakt

1 Prise Salz

375 g Mehl, Type 405

Linsen zum Blindbacken

10 Tartelette-Förmchen mit 8 cm Durchmesser

Mehl für die Arbeitsfläche

Backpapier zum Blindbacken

Für die Füllung:

2 Blatt Gelatine

300 g Himbeeren (frisch oder TK)

65 g Zucker

1 Ei (Größe L) | 2 Eigelbe

95 g kalte Butter

1 cl Himbeergeist

125 g weiße Kuvertüre

100 g Himbeeren zum Garnieren

Zubereitungszeit: 1 Std.
Ruhezeit: 12 Std.
Pro Stück ca. 585 kcal

1 | Die Zitrone waschen, die Schale fein abreiben. Marzipanrohmasse und Eigelbe mit dem Handrührgerät glatt rühren. Dann Butter, Puderzucker, Vanilleextrakt, Zitronenschale und Salz unterrühren. Das Mehl sieben und mit den Fingern unter die Buttermasse arbeiten. Es soll ein bröseliger Teig entstehen. Den Teig in Klarsichtfolie verpackt 12 Std. im Kühlschrank ruhen lassen.

2 | Den Backofen auf 180° vorheizen. Den Teig in 10 gleich große Portionen teilen, auf etwas Mehl oder zwischen 2 Lagen Frischhaltefolie messerrückendick rund ausrollen. Die Förmchen damit auslegen, dabei einen Rand formen. Den Boden mehrmals einstechen, mit Backpapier auslegen und mit Hülsenfrüchten füllen. Im vorgeheizten Backofen (mittlere Schiene, Umluft 160°) 8 Min. backen, dann die Hülsenfrüchte und das Backpapier entfernen. 4 Min. weiterbacken, bis die Tartelettes goldbraun sind. Auskühlen lassen.

3 | Für die Füllung die Gelatine in kaltem Wasser einweichen. Die Himbeeren pürieren, mit Zucker, Ei und Eigelben unter Rühren erhitzen. Durch ein feines Sieb streichen. Die gut ausgedrückte Gelatine dazugeben und rühren, bis sie sich aufgelöst hat. Die Masse lauwarm abkühlen lassen.

4 | Die Butter würfeln und unter die Himbeermasse rühren. 5 Min. ruhen lassen. Dann mit einem Pürierstab 3 Min. durchmixen, ohne dass Schaum entsteht (Mixer schräg in die Masse halten, dann bildet sich keine Luftglocke unter den Schneidmessern). Dabei den Himbeergeist dazugeben. Die Himbeercreme soll glatt und cremig werden.

5 | Die Kuvertüre im Wasserbad schmelzen. Die Tartelettes dünn damit ausstreichen. Himbeercreme einfüllen und 30 Min. in den Kühlschrank stellen. Mit frischen Himbeeren garnieren.

Variante mit Schokoladen-Füllung

160 g Zartbitter-Kuvertüre fein hacken und in eine Schüssel geben. 200 g Sahne aufkochen. Mit einem Schöpflöffel etwas davon in die Mitte der Kuvertüre gießen, etwas warten und dann mit einem Gummispatel von der Mitte aus in kleinen Kreisen rühren. Wieder etwas Sahne dazugießen und weiterrühren. Den Vorgang wiederholen, bis die Sahne verbraucht ist und die Kuvertüre matt glänzend geschmolzen ist. 40 g Akazienhonig und 2 EL Espresso unterrühren. Dann 65 g weiche Butter mit dem Pürierstab unter die Schokoladenmasse rühren. Die Schokomasse in Mürbeteig-Tartelettes füllen und fest werden lassen. Besonders edel sehen die Tartelettes aus, wenn sie mit Blattgold verziert werden.

MANDEL-BROWNIES

Für ein Backblech (23 x 21 cm)

60 g Mehl, Type 550

60 g gemahlene Mandeln

240 g Zartbitter-Kuvertüre

200 g Butter

5 Eier

185 g Zucker

1 Prise Salz

abgeriebene Schale von 1 unbehandelten Orange

80 g gehackte Mandeln

Backpapier für das Blech

Zubereitungszeit: 30 Min.
Backzeit: 50 Min.
Bei 16 Stück pro Stück ca. 310 kcal

1 | Ein tiefes Backblech mit Backpapier auslegen. Den Backofen auf 160° vorheizen. Das Mehl sieben und mit den gemahlenen Mandeln mischen.

2 | 120 g Kuvertüre fein hacken und beiseite stellen. Die restliche Kuvertüre hacken und mit der Butter im Wasserbad schmelzen. Auf etwa 40° abkühlen lassen.

3 | Die Eier mit Zucker und Salz 5 Min. mit dem Handrührgerät schaumig schlagen. Die Orangenschale dazugeben. 3–4 EL der Eimasse mit dem Schneebesen unter die geschmolzene Kuvertüre rühren. Die restliche Eimasse mit einem Gummispatel vorsichtig unter die Kuvertüre heben. Dann die Mehlmischung und die gehackte Kuvertüre unterziehen.

4 | Den Teig auf das Backblech streichen. Mit den gehackten Mandeln bestreuen. Im vorgeheizten Backofen (mittlere Schiene, Umluft 140°) etwa 40 Min. backen. Dann die Temperatur auf 170° (Umluft 150°) erhöhen und weitere 8–10 Min. backen. Den Kuchen gut auskühlen lassen und in die gewünschte Größe schneiden.

Tipp

Sie schmecken besonders gut, wenn sie vorher noch einmal leicht erwärmt werden.

NOUGATTÖRTCHEN

Für 24 Stück

25 g Mehl, Type 405

1/4 TL Backpulver

100 g dunkle Kuvertüre

35 g Butter

150 g Marzipanrohmasse

3 Eier (Größe L)

1 Prise gemahlener Kardamom

50 g Nougat oder dunkle Giandujamasse (s. rechte Spalte)

30 g Pinienkerne

1 EL Puderzucker

Butter für die Förmchen

Förmchen mit 4 cm Durchmesser

Zubereitungszeit: 45 Min.
Backzeit: 10 Min.
Pro Stück ca. 105 kcal

1 | Den Backofen auf 200° (Umluft 180°) vorheizen. Die Förmchen fetten. Das Mehl mit dem Backpulver mischen und sieben. Die Kuvertüre mit der Butter im Wasserbad schmelzen.

2 | Die Marzipanrohmasse und 1 Ei mit dem Handrührgerät glatt rühren, die restlichen Eier einzeln dazugeben und unterrühren. Die Masse im Wasserbad erwärmen, bis sie für den Finger zu heiß wird. Aus dem Wasserbad nehmen. Kardamompulver dazugeben und die Masse mit dem Handrührgerät aufschlagen, bis der Schaum, der vom Handrührgerät zurück auf die restliche Masse tropft, darauf sichtbar bleibt. 2 EL der Marzipanmasse unter die warme Kuvertüre rühren.

3 | In die restliche Masse mit einem Plastikspatel erst das Mehl vorsichtig einarbeiten, dann die Kuvertüre unterheben. Die Masse mit einem Löffel in die gefetteten Förmchen füllen.

4 | Den Nougat in 24 Stücke schneiden. Jeweils 1 Stück leicht in den Teig drücken. 3–4 Pinienkerne auf jedes Törtchen streuen. 1 Prise Zucker darauf streuen. Im vorgeheizten Backofen (mittlere Schiene) 5 Min. backen. Die Hitze auf 180° (Umluft 160°) reduzieren und weitere 5 Min. backen. Herausnehmen, 5 Min. ruhen lassen und aus den Formen lösen. Die Törtchen abkühlen lassen und mit Puderzucker bestreuen.

Tipp

Als Förmchen eignen sich am besten flexible Silikon-(Minimuffins)-Förmchen. Alternativ können Sie beschichtete Metallformen verwenden, die zuvor gefettet werden.

Profi-Variante mit Gianduja-Masse

Wer professionell arbeitet, verwendet statt Nougat Gianduja-Masse. Sie wird geschmolzen und mit einem Spritzbeutel mit kleiner Lochtülle in den Teig gespritzt. Die Masse ist allerdings nicht leicht zu bekommen. Am besten fragen Sie bei einem Konditor.

Warenkunde Gianduja

Gianduja ist eine wasserfreie Masse aus Mandeln oder/und Haselnüssen, Zucker und Kuvertüre und/oder Kakaobutter. Nüsse und Zucker werden gemischt und gerieben. Sie bilden die Grundmasse. Die Zugabe der Kuvertüre ergibt die Konsistenz. Die Grundmischung besteht aus je einem Teil Haselnüssen, Zucker und Kuvertüre.

LINZER PLÄTZCHEN

Für 40 Plätzchen

150 g kalte Butter

75 g Puderzucker

1 Päckchen Vanillezucker

1 Ei | 1 Prise Salz

1 Prise gemahlener Kardamom

1 Prise gemahlene Nelken

1 Prise Zimtpulver

5 ml Kirschwasser

150 g Mehl, Type 550

150 g geschälte gemahlene Mandeln

Mehl für die Arbeitsfläche

Puderzucker zum Dekorieren

125 g Johannisbeergelee

Zubereitungszeit: 1 Std. 20 Min.
Ruhezeit: 12 Std.
Pro Stück ca. 85 kcal

1 | Die Butter würfeln, mit Puderzucker und Vanillezucker verkneten. Nacheinander das Ei, Salz, die Gewürze und Kirschwasser unterkneten. Mehl und Mandeln wie bei der Herstellung von Streuseln mit den Fingern unter den Teig arbeiten. Dann den Teig zu einer Kugel formen und in Folie verpackt 12 Std. im Kühlschrank ruhen lassen.

2 | Den Teig halbieren. Eine Hälfte wieder kühl stellen, die andere auf einer bemehlten Arbeitsfläche oder zwischen zwei Lagen Frischhaltefolie messerrückendick ausrollen. Mit dem runden Ausstecher mit gewelltem Rand Plätzchen ausstechen. Aus der Hälfte der Plätzchen mit einem kleinen runden Ausstecher Kreise ausstechen, so dass Ringe entstehen. Auf ein mit Backpapier ausgelegtes Blech setzen und etwa 10 Min. kalt stellen. Backofen auf 160° (Umluft 140°) vorheizen. Die zweite Portion Teig ebenso verarbeiten.

3 | Im vorgeheizten Backofen (mittlere Schiene) etwa 15 Min. backen, abkühlen lassen. Die Plätzchen mit dem Loch in der Mitte mit Puderzucker bestäuben. Auf die anderen Plätzchen mit dem Spritzbeutel je einen Johannisbeergelee-Punkt setzen. Die »Loch-Plätzchen« darauf setzen.

Tipp

Der Teig wird sehr schnell weich und lässt sich dann schwer verarbeiten. Darum sollte er gut gekühlt und am besten portionsweise verarbeitet werden. Zum Ausrollen ist eine Marmor-Arbeitsplatte ideal.

FEIGEN-ROTWEIN-KÜCHLEIN

Zutaten für 12 Stück

200 g getrocknete Feigen

60 ml Feigenlikör (ersatzweise Orangenlikör)

1/8 l Rotwein

125 g Butter

125 g brauner Zucker

1 Prise Zimtpulver

1 Prise Salz

2 Eier

125 g Mehl, Type 405

1 Päckchen Backpulver

4 EL Aprikosenkonfitüre

2 frische Feigen

1 Muffinsblech mit 12 Mulden

Zubereitungszeit: 40 Min.
Ruhezeit: über Nacht
Backzeit: 20 Min.
Bei 12 Stück pro Stück ca. 255 kcal

1 | Die getrockneten Feigen in kleine Würfel schneiden und mit Feigenlikör und Rotwein aufgießen. Etwa 12 Std. im Kühlschrank ziehen lassen. Sie sollten dann fast alle Flüssigkeit aufgenommen haben. In einem Sieb gut abtropfen lassen und etwas ausdrücken, die Flüssigkeit auffangen. Den Backofen auf 170° (Umluft 150°) vorheizen. Das Muffinsblech fetten.

2 | Butter und Zucker zu einer schaumigen Masse aufschlagen. Zimt, Salz und die Eier unterrühren, dann Mehl und Backpulver unterziehen. Zuletzt die abgetropften Feigen mit dem Gummispatel unterheben.

3 | Den Teig in die Vertiefungen des Blechs füllen. Im vorgeheizten Backofen (mittlere Schiene) etwa 20 Min. backen. Herausnehmen und 5 Min. ruhen lassen. Die Küchlein aus der Form lösen und auf einem Kuchengitter abkühlen lassen.

4 | Die frischen Feigen waschen und in dünne Spalten schneiden. Die Aprikosenkonfitüre erhitzen, die Törtchen damit bestreichen und mit Feigenspalten belegen.

Variante

Die Feigenküchlein nach dem Backen mit der restlichen Flüssigkeit vom Einlegen tränken. Dann das Aprikotieren und die frischen Feigen weglassen.
Aus der Flüssigkeit können Sie aber auch mit etwas Zitronensaft und Puderzucker eine Glasur herstellen und die Küchlein damit überziehen.

KAFFEE-PANFORTE

Für eine Springform von 18 cm Durchmesser

80 g Butter

80 g Honig

80 g Zucker

55 g Mehl, Type 405

1 gestrichener TL Kakaopulver

1 Prise weißer Pfeffer

1 Prise Zimtpulver

175 g getrocknete Aprikosen

25 g kandierter Ingwer

65 g Haselnusskerne

125 g kleine Schokoladen-Kaffeebohnen

Backpapier für die Form

Oblaten oder Reispapier zum Auslegen der Form

Zubereitungszeit: 30 Min.
Ruhezeit: 2 Std.
Backzeit: 35 Min.
Pro Stück bei 20 Stücken ca. 150 kcal

1 | Den Ring der Form mit Backpapier ausschlagen und eine entsprechend große Oblate oder Reispapier auf den Boden legen. Die Butter mit dem Honig und Zucker in einem Topf erwärmen, bis sich der Zucker aufgelöst hat. Anschließend aufkochen und 2 Min. köcheln lassen. Vom Herd nehmen und abkühlen lassen.

2 | Den Backofen auf 175° (Umluft 155°) vorheizen. Das Mehl mit Kakao, weißem Pfeffer und Zimt versieben. Aprikosen und Ingwer fein würfeln. Haselnüsse grob hacken. Die Schokoladen-Kaffeebohnen mit den Haselnüssen, Aprikosen und Ingwer vermischen, das gesiebte Mehl unterziehen.

3 | Alles mit dem auf etwa 40° abgekühlten Honig-Sirup vermischen. (Dabei lösen sich die Schokoladen-Kaffeebohnen zum Teil auf.) Die Mischung fest in die Form drücken und im vorgeheizten Ofen (mittlere Schiene) 35 Min. backen, bis der Panforte fest ist, auf Druck aber noch leicht nachgibt. In der Form erkalten lassen. In kleine Tortenstücke oder Rechtecke schneiden.

Tipps

Die Oberfläche des Panforte kann auch mit temperierter Kuvertüre bestrichen werden. Dann schmeckt er noch schokoladiger. Wenn Sie die Form mit Oblaten oder Reispapier auslegen, löst sich der Kuchen leicht aus der Form. Sie können den Panforte auch direkt in die Form füllen. Den Ring der Springform sollten Sie aber in jedem Fall mit Backpapier auskleiden.

67

MANDELKÜCHLEIN MIT JOHANNISBEEREN

Für 16 bis 18 Stück

175 g Puderzucker

90 g Mehl, Type 405

50 g blanchierte gemahlene Mandeln

4 Eiweiße

110 g Butter

10 ml Gin

1 TL Honig

300 g Johannisbeeren (frisch oder TK)

1 EL Vanillepuddingpulver

Puderzucker zum Bestreuen

**flexible Mini-Muffinsformen oder Förmchen
mit 4 cm Durchmesser**

Zubereitungszeit: 40 Min.
Ruhezeit: 12 Std.
Backzeit: 10 Min.
Bei 16 Stück pro Stück ca. 150 kcal

1 | Den Puderzucker sieben und mit dem Mehl und den gemahlenen Mandeln mischen. Eiweiße mit der Mehlmischung verrühren. Zugedeckt im Kühlschrank über Nacht ziehen lassen.

2 | Die Masse aus dem Kühlschrank nehmen und auf Zimmertemperatur erwärmen. Den Backofen auf 210° (Umluft 190°) vorheizen. Die Butter in einem Topf schmelzen und die Förmchen mit wenig Butter ausstreichen.

3 | Die restliche Butter bei mittlerer Hitze so lange kochen, bis sie nach Nüssen duftet und goldbraun geworden ist. Den Topf sofort in kaltes Wasser stellen, damit die Butter durch die Hitze des Topfbodens nicht zu dunkel wird. Die Butter auf Körpertemperatur abkühlen lassen. Gin und Honig unterrühren und alles durch ein feines Sieb gießen.

4 | Die Buttermischung in einem dünnen Strahl in die Eiweißmasse laufen lassen und mit einem Schneebesen langsam unterrühren. Immer nur so viel Butter dazugeben wie die Masse aufnehmen kann. Den Teig mit einem Löffel in die Vertiefungen der Förmchen füllen.

5 | Die Johannisbeeren waschen, trockentupfen, von den Rispen streifen und mit Vanillepuddingpulver mischen. Die Törtchen mit je 5 Johannisbeeren und mit Puderzucker bestreuen. Im vorgeheizten Backofen (mittlere Schiene) etwa 10 Min. backen, bis sie goldgelb sind. Gleich aus den Förmchen lösen und auf einem Kuchengitter abkühlen lassen. Am besten schmecken die Küchlein ganz frisch.

Cremige Variante mit Vanillecreme

Die Mandelküchlein können auch mit einer Vanillecreme gefüllt werden. Dafür eine Vanillecreme aus einem Päckchen Vanillepuddingpulver kochen und diese abkühlen lassen. Mit einem Schneebesen glatt rühren und mit einem Spritzbeutel mit kleiner Lochtülle vor dem Backen in die kleinen Küchlein füllen.

RICH CHOCOLATE COOKIES

Für etwa 100 Stück

1 Vanilleschote

125 g weiche Butter

125 g Zucker

1/4 TL Salz

100 g brauner Zucker

3 Eier

200 g dunkle Kuvertüre

200 g weiße Kuvertüre

65 g geschälte Pistazien

325 g Mehl, Type 550

1 gestrichener TL Natron

1 Päckchen Backpulver

Mehl für die Arbeitsfläche

Backpapier für das Blech

Zubereitungszeit: 40 Min.
Ruhezeit: 3 Std.
Backzeit: 15 Min.
Pro Stück ca. 60 kcal

1 | Die Vanilleschote aufschlitzen, das Mark herauskratzen. Die Butter mit Zucker, Salz, Vanillemark und braunem Zucker cremig rühren. Die Eier einzeln unterrühren.

2 | Kuvertüren und Pistazien grob hacken. Das Mehl, Natron und das Backpulver sieben und mit Kuvertüre und Pistazien unter die Buttermasse arbeiten. Den Teig 1 Std. in den Kühlschrank stellen, dann in fünf Portionen teilen und diese mit etwas Mehl zu Rollen von 3 cm Durchmesser formen. Die Rollen in Klarsichtfolie verpacken und noch einmal 2 Std. kühlen.

3 | Den Backofen auf 170° (Umluft 150°) vorheizen. Die Rollen in Scheiben von knapp 1 cm schneiden (eventuell mit dem Elektromesser wegen der Schokoladenstückchen). Mit genügend Abstand auf ein mit Backpapier ausgelegtes Backblech legen und leicht andrücken. Die Cookies laufen beim Backen etwas auseinander. In den vorgeheizten Backofen (mittlere Schiene) schieben, die Temperatur auf 160° reduzieren und die Cookies in 12–13 Min. goldbraun backen.

Tipp

Die ausgekühlten Cookies können gut in einer Gebäckdose aufbewahrt werden. Sie halten sich 2–3 Wochen.

CHILIPRALINEN

Für 20 Stück

1 frische Chilischote

130 g Sahne

1 TL Honig

3 Tropfen Tabasco

**120 g dunkle Schokolade
(mindestens 65% Kakao-Anteil)**

40 g Nougat

100 g dunkle Kuvertüre

Backpapier für das Blech

Zubereitungszeit: 1 Std.
Ruhezeit: 12 Std.
Bei 20 Pralinen pro Stück ca. 90 kcal

1 | Einen Tag vorher den Stielansatz der Chilischote abschneiden, die Schote längs halbieren und die Samen herauskratzen. Die Schote in feine Streifen schneiden. Die Sahne aufkochen und vom Herd nehmen. Honig, Chilischote und Tabasco hinzufügen. Nach dem Abkühlen zugedeckt 12 Std. ziehen lassen.

2 | Für die Schokoladencreme (Canache) die Schokolade fein hacken und in eine Schüssel geben. Den Nougat in kleine Würfel schneiden und in die Mitte geben. Die Sahne durch ein feines Sieb in einen Topf gießen und die Chilischote gut ausdrücken. Die Sahne auf etwa 80° erwärmen. Mit einem Schöpflöffel etwas von der Sahne in die Mitte der gehackten Schokolade gießen. Etwas warten und dann mit einem Gummispatel

von der Mitte aus, in kleinen Kreisen rühren. Wieder etwas von der heißen Sahne hinzufügen und weiterrühren. Immer so weiterverfahren, bis eine matt glänzende, emulgierte Creme entstanden ist. Achten Sie beim Rühren darauf, dass nicht zu viel Luft in die Creme gearbeitet wird, weil das die Haltbarkeit verkürzt. Die Pralinenmasse auf ein Blech gießen und mit Klarsichtfolie abdecken.

3 | Wenn die Pralinenmasse abgekühlt und deutlich fester geworden ist (der Fachmann spricht vom »Kristallisieren«) werden mit einem Spritzbeutel mit Lochtülle Kugeln (oder einfach mit einem Löffel Häufchen) auf Backpapier gesetzt. Sind auch diese Kugeln fester geworden, können sie zwischen den Händen zu glatten Kugeln gerollt werden.

4 | Die Kuvertüre im Wasserbad schmelzen und temperieren. Etwas von der Kuvertüre in den Handflächen verteilen und jede einzelne Praline durch Rollen in den Händen dünn mit Kuvertüre überziehen. Auf ein Backpapier ablegen.

5 | Zum eigentlichen Überziehen (in der Fachsprache auch »Trempieren« genannt) die Kuvertüre temperieren. Die Kuvertüreschüssel sollte schräg gestellt sein, so dass der Kuvertürespiegel immer auf der Höhe des Schüsselrands ist. Wenn die Pralinengabel auf dem Schüsselrand liegt, sollte sie parallel von der Kuvertüre getragen werden. Der Trüffel wird mit der Pralinengabel in die Kuvertüre getaucht und auf ein Gitter abgelegt. Sobald die Kuvertüre fest zu werden beginnt, wird sie mit der Gabel hin und her gerollt. Dadurch bekommt sie die charakteristischen Spitzen des Trüffels. Die Pralinen in einer gut schließenden Dose aufbewahren.

SÜSSE VERFÜHRUNG

SPEZIALITÄTEN DER KAFFEEHÄUSER UND COFFEESHOPS

DIE REZEPTE

SCHOKOLADENTORTE

Für 1 Springform mit 24 cm Durchmesser

Für den Teig:

250 g Mehl, Type 405

1 EL Zucker

1 Prise Salz

125 g weiche Butter

600 g Hülsenfrüchte zum Blindbacken

Für die Füllung:

200 ml Milch

400 g Sahne

400 g Zartbitter-Schokolade

5 Eier

Butter für die Form

Mehl für die Arbeitsfläche

Backpapier zum Blindbacken

Zum Garnieren:

2 Nektarinen

100 g Sahne

Zubereitungszeit: 1 Std.
Backzeit: 15 + 15 Min.
Bei 16 Stücken pro Stück ca. 380 kcal

1 | Mehl, Zucker und Salz mit der Butter zu einem Teig verkneten, dabei nach und nach etwa 60 ml kaltes Wasser dazugeben. Aus dem Teig eine Kugel formen, in Frischhaltefolie verpackt in den Kühlschrank legen.

2 | Den Backofen auf 180° (Umluft 160°) vorheizen. Die Springform buttern. Den Teig auf einer bemehlten Arbeitsfläche oder zwischen zwei Lagen Frischhaltefolie dünn ausrollen. Die Form damit auslegen und dabei einen etwa 5 cm hohen Rand formen. Backpapier in Form schneiden und auf den Teigboden legen, die Hülsenfrüchte zum Blindbacken darauf füllen. Im vorgeheizten Backofen (mittlere Schiene) etwa 10 Min. backen.

3 | Inzwischen Milch und Sahne in einem Topf erhitzen. Die Schokolade in Stücke brechen und unter Rühren darin schmelzen. Vom Herd nehmen und abkühlen lassen. Die Eier verquirlen und mit dem Schneebesen unter die Schokoladenmasse rühren. Die Form aus dem Ofen nehmen, Linsen und Backpapier entfernen und die Schokoladenmasse einfüllen. Etwa 35 Min. backen und in der Form abkühlen lassen.

4 | Nektarinen waschen, halbieren und die Steine entfernen. Die Hälften in dünne Scheiben schneiden. Sahne steif schlagen. Die Torte aus der Form lösen, in schmale Stücke schneiden und mit Nektarinenscheiben und Sahne servieren.

Im Bild links: Profiteroles mit Sahne-Füllung;
rechts: mit Limettencreme;
vorn: mit Schokoladen-Füllung

GEFÜLLTE PROFITEROLES

LIMETTENCREME

Für 10 Profiteroles (s. Rezept Seite 152)

1 Vanilleschote

1–2 unbehandelte Limetten

2 Stängel Zitronengras

200 ml Milch

125 g Zucker | 4 Eigelbe

50 g Butter

50 ml Zitronenlikör (ersatzweise Orangenlikör)

Zubereitungszeit: 30 Min.
Pro Portion ca. 210 kcal

1 | Die Vanilleschote längs aufschlitzen. Die Schale von 1 Limette dünn abschälen und fein hacken. Das Zitronengras in 5 cm lange Stücke schneiden. Limettenschale, Zitronengras und Vanilleschote mit der Milch in einem Topf erhitzen und 10 Min. ziehen lassen. Saft der Limetten auspressen.

2 | Zucker und Eigelbe mit dem Schneebesen in einem Topf gut verrühren. Die Milch durch ein Sieb gießen und die Butter einrühren. Die Milch zur Eimasse gießen und bei niedriger Hitze unter Rühren vorsichtig erwärmen. Nicht aufkochen, da die Creme sonst gerinnt. Mit 3 EL Limettensaft (nach Geschmack auch mehr) und Zitronenlikör abschmecken, abkühlen lassen.

Tipp

Die Limettencreme eignet sich auch sehr gut als Füllung für Tartelettes (s. Rezept Seite 56).

SCHOKOLADEN-FÜLLUNG

Für 10 Profiteroles (s. Rezept Seite 152)

100 g dunkle Kuvertüre

1/4 l Milch

1 TL Bourbon-Vanillezucker

3 Eigelbe

75 g Zucker

20 g Stärkepulver

2 EL Orangeade

Zubereitungszeit: 20 Min.
Pro Portion ca. 215 kcal

1 | Die Kuvertüre grob zerkleinern. Milch mit Vanillezucker in einem Topf erwärmen und die Kuvertüre darin schmelzen. Beiseite stellen.

2 | Die Eigelbe und den Zucker mit dem Schneebesen verquirlen. Stärkemehl mit etwas Wasser glatt rühren, mit der Eimasse mischen und in die noch warme Schokoladenmilch rühren. Unter stetem Rühren mit dem Schneebesen bis kurz vor dem Siedepunkt erhitzen. Die Orangeade fein hacken und untermischen. Die Creme abkühlen lassen.

ARABISCHE SAHNE-FÜLLUNG

Für 20 kleine Profiteroles (s. Rezept Seite 152) 125 g gut gekühlte Sahne mit 1 Päckchen Bourbon-Vanillezucker, 1/4 TL gemahlenem Koriander und 1/4 TL gemahlenem Kardamom sehr steif schlagen. Die Profiteroles mit der Sahne füllen und mit Puderzucker bestäuben.

Varianten

Statt der Gewürze können Sie klein geschnittene frische Früchte wie Erdbeeren oder Himbeeren unter die Sahne heben.
Fein schmecken auch Preiselbeeren aus dem Glas und etwas abgeriebene Schale einer unbehandelten Orange.
Eine besonders schnelle Variante ist eine Mokkasahne, die mit fertig gekauftem oder selbst gemachtem Kaffeesirup (s. Rezept Seite 88) aromatisiert wird.

BABAS

**Für 1 Savarinform von 16 cm Durchmesser
oder 6 Portionsförmchen von 9 cm Durchmesser**

20 g frische Hefe

50 ml lauwarme Milch

175 g Mehl, Type 405

Salz

50 g weiche Butter

1 TL Zucker

2 Eier

Butter für die Form

Für das Tauchbad:

200 g Zucker

400 ml starker Kaffee

60 ml Rum

Zubereitungszeit: 30 Min.
Ruhezeit: 15 Min. + 15 Min.
Backzeit: 12–18 Min., je nach Größe der Form
Bei 6 Stück pro Stück ca. 370 kcal

1 | Die Hefe in der warmen Milch auflösen. In einer Schüssel mit Mehl und Salz verrühren und 15 Min. gehen lassen. Butter, Zucker und Eier unterkneten und den Teig noch einmal 15 Min. gehen lassen.

2 | Den Backofen auf 200° (Umluft 180°) vorheizen. Die Formen buttern, zur Hälfte mit dem Teig füllen und im vorgeheizten Backofen (mittlere Schiene) je nach Größe der Formen 12–18 Min. backen.

3 | Aus Zucker und Kaffee einen Sirup kochen, Rum dazugeben und abkühlen lassen. Die Babas aus den Formen lösen und noch warm mit dem Sirup tränken. Mit frischen Früchten und geschlagener Sahne servieren.

Tipp
Wenn Sie keine Savarinformen haben, verwenden Sie ein Muffinsblech. Die kleinen Kuchen haben dann zwar nicht die klassische Baba-Form, schmecken aber genauso gut.

BRIOCHES

Für 12 Brioches

500 g Mehl, Type 405

1 Päckchen Vanillezucker

1 Prise Salz

30 g frische Hefe

5 Eier

200 g weiche Butter

1 Eigelb zum Bestreichen

12 Brioches-Förmchen oder 24 Papier-Muffinsförmchen

Zubereitungszeit: 20 Min.
Ruhezeit: 1 + 1 Std.
Backzeit: 20 Min.
Pro Brioches ca. 310 kcal

1 | Das Mehl, Vanillezucker und Salz in einer Schüssel mischen. Hefe zerkrümeln und in 3 EL warmen Wasser auflösen. Hefe und Eier zum Mehl geben und unterarbeiten. Die Butter in kleinen Stücken dazugeben und kneten, bis keine Butterstückchen mehr sichtbar sind. Den Teig zudecken und 1 Std. gehen lassen.

2 | Den Teig noch einmal durchkneten und in 12 Teile teilen. Aus jedem Teigstück eine kleine und eine größere Kugel formen. Die große in eine Brioche-Form oder in 2 ineinander gesetzte Papier-Muffinsförmchen setzen. Die kleine Kugel darauf setzen und leicht festdrücken. Noch einmal 1 Std. an einem warmen Ort gehen lassen. Backofen auf 220° (Umluft 200°) vorheizen.

3 | Die Brioches auf ein Backblech stellen und mit dem Eigelb bestreichen. Im Ofen (mittlere Schiene) in 20 Min. goldbraun backen. Dazu passt Butter und Konfitüre.

KIRSCHKUCHEN

Für eine Springform von 24 cm Durchmesser

3 Eier

1/2 Zitrone

150 g Mehl, Type 405

150 + 30 g gemahlene Mandeln

150 g Butter

1/2 TL Zimtpulver

1 Msp. gemahlene Nelken

1 Prise Salz

200 g Sauerkirschen (abgetropft, aus dem Glas)

250 g Sauerkirschkonfitüre

Butter für die Form

1 Eigelb zum Bestreichen

Zubereitungszeit: 30 Min.
Ruhezeit: 2 Std.
Backzeit: 40 Min.
Pro Stück ca. 320 kcal

1 | Die Eier hart kochen, Eigelbe herauslösen und durch ein Sieb drücken. Den Saft der Zitrone auspressen. Das Mehl in einer Schüssel mit 150 g Mandeln mischen, die Eigelbe, Zitronensaft, Butter und Gewürze hineingeben. Mit dem Handrührgerät verrühren, dann möglichst schnell zu einem weichen Teig verkneten. 2 Std. im Kühlschrank ruhen lassen. Die Form buttern.

2 | Den Backofen auf 180° (Umluft 160°) vorheizen. Sauerkirschen gut abtropfen lassen. Mit der Konfitüre mischen. Zwei Drittel des Teigs zwischen zwei Lagen Frischhaltefolie ausrollen oder mit der Hand in die Form drücken. Dabei einen 2–3 cm hohen Rand formen. Den restlichen Teig wieder in den Kühlschrank legen.

3 | Den Tortenboden mit einer Gabel mehrfach einstechen und mit 30 g gemahlenen Mandeln bestreuen. Die Sauerkirschen darauf füllen. Den restlichen Teig ausrollen und etwa 1 cm breite Streifen daraus schneiden. Die Streifen gitterartig auf die Füllung legen und mit dem verquirlten Eigelb bestreichen. Die Torte im Backofen (mittlere Schiene) etwa 40 Min. backen. Aus dem Ofen nehmen und in der Form abkühlen lassen.

Fruchtige Varianten

Statt der Kirschkonfitüre und der Kirschen eignen sich viele andere Obstsorten. Zum Beispiel Aprikosenkonfitüre mit frischen Aprikosenspalten oder Apfelstückchen mit Ahornsirup, Rosinen und Mandelstiften.

Nussige Variante mit Walnüssen

300 g gemahlene Walnüsse mit 100 g Puderzucker und 2 EL Mehl mischen. Mit 150 g Sahne, 3 EL Kaffeelikör, 1 Ei und 1 Eigelb gut verrühren. Statt der Fruchtmischung auf den Teigboden füllen und wie oben backen.

KAFFEE-KARAMELLEN

Für 300 g Karamellen

250 g Zucker

40 g Instant-Kaffeepulver

100 g Sahne

30 g Butter

Zubereitungszeit: 30 Min.
Kühlzeit: 5–6 Std.
Pro Stück bei 30 Stück ca. 50 kcal

1 | Alle Zutaten in einem Topf verrühren und zum Kochen bringen. Unter ständigem Rühren die Karamellmischung 10 Min. köcheln lassen, bis sie deutlich dickflüssiger wird. Dabei die Masse mit einem Schaber aus den Topfecken lösen, damit sie eine gleichmäßige Konsistenz bekommt. Die Masse abkühlen lassen, bis sie streichfähig ist.

2 | Eine Auflaufform mit Folie auskleiden oder mit Pflanzenöl dünn bestreichen. Die Karamellmasse hineingießen. Abkühlen lassen und vorsichtig mit einem scharfen, langen Messer in etwa 30 Würfel schneiden. Erst verpacken, wenn sie ganz abgekühlt sind.

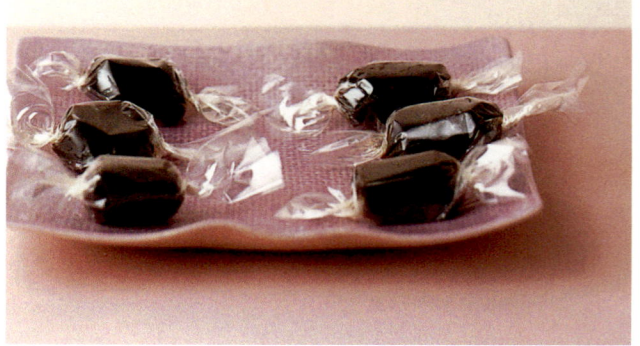

MINZ-EIS MIT SCHOKOLADE

Für 6 Personen

1 Bund Pfefferminze

3 EL Zucker | 300 g Sahne

2 cl Minzelikör | 1 Eiweiß

40 g Borken-Schokolade

Zubereitungszeit: 25 Min.
Gefrierzeit: 2 Std.
Pro Portion ca. 240 kcal

1 | Die Minzeblätter abspülen und trockentupfen. Die Blättchen abzupfen und mit Zucker im Mixer pürieren. Die eiskalte Sahne mit der Hälfte des Minzezuckers und dem Minzelikör steif schlagen.

2 | Das Eiweiß zu festem Schnee schlagen, den restlichen Minzezucker dabei einrieseln lassen. Eiweiß unter die Sahne heben, die Masse in eine kleine Kastenform füllen und im Tiefkühlfach 2 Std. gefrieren lassen. Herausnehmen und mit einem in heißes Wasser getauchten Messer in Scheiben schneiden. Mit der Borken-Schokolade bestreuen und servieren.

Tipp

Statt Borken-Schokolade eignet sich auch geraspelte Schokolade zum Bestreuen oder Sie servieren das Eis mit Schokoladensauce.

MINZEBLÄTTER IN SCHWARZER SCHOKOLADE

Für 4 Personen

1 Bund Pfefferminze

100 g dunkle Schokolade (mindestens 65% Kakao-Anteil)

Zubereitungszeit: 45 Min.
Kühlzeit: 30 Min.
Pro Portion ca. 150 kcal

1 | Ein Backblech mit Alufolie auslegen. Die Minze waschen, trockentupfen und die Blätter abzupfen. Schokolade vorsichtig im Wasserbad schmelzen – die Hitze darf 70° nicht übersteigen.

2 | Mit einem Gummispatel oder Teigschaber die flüssige Schokolade 2-3 mm dick auf der Folie verteilen und abkühlen lassen. Bevor sie ganz fest wird, die Fläche mit einem langen Messer in kleine Quadrate aufteilen ohne die Alufolie zu zerschneiden.

3 | Auf jedes Quadrat ein Minzeblättchen drücken. Das Blech etwa 30 Min. in den Kühlschrank stellen. Die gekühlten Schokoblättchen von der Alufolie abziehen. Auf eine kleine Platte geben. Auf eine mit Eiswürfeln gefüllte Schüssel stellen und servieren.

SCHOKO-KAFFEEBOHNEN

Für ca. 100 Stück

100 g Marzipanrohmasse

15 g Kaffeebohnen

100 g dunkle Kuvertüre

2 EL Kakaopulver

Zubereitungszeit: 1 Std.
Ruhezeit: 2 Std.
Pro Stück ca. 10 kcal

1 | Die Marzipanrohmasse in kleine Stücke schneiden. Mit feuchtem Küchentuch abdecken, damit sie nicht austrocknet. Kaffeebohnen einzeln in etwas Marzipanrohmasse hüllen und in der Handinnenfläche zu Kugeln rollen.

2 | Die Kuvertüre hacken und im heißen Wasserbad schmelzen. Die Marzipan-Kaffeebohnen portionsweise in die flüssige Kuvertüre legen, darin wenden und mit einer Pralinengabel (oder einer normalen Gabel) einzeln wieder herausholen und auf ein Gitter oder auf Backpapier setzen. Etwa 1 Std. trocknen lassen, bis die Kuvertüre fast erstarrt ist.

3 | Kakaopulver auf einem flachen Teller verteilen und die Schoko-Kaffeebohnen darin wälzen. Wieder auf das Gitter setzen und in etwa 1 Std. fest werden lassen.

SCONES

Für 10 Stück

2 Eier

2 EL Zucker

75 g weiche Butter

1 Prise Salz

250 g Mehl, Type 405

1 TL Backpulver

60 ml Milch

Butter für das Blech

Zubereitungszeit: 40 Min.
Ruhezeit: 20 Min.
Backzeit: 20 Min.
Pro Stück ca. 180 kcal

1 | 1 Ei trennen, das Eiweiß für später beiseite stellen. Zucker, Butter, Salz, Ei und Eigelb cremig rühren. Mehl und Backpulver mischen und unter die Eimasse rühren. Die Milch nach und nach dazugeben. Zu einem geschmeidigen Teig verkneten. 20 Min. im Kühlschrank ruhen lassen.

2 | Den Backofen auf 200° (Umluft 180°) vorheizen. Ein Backblech mit Butter bestreichen. Den Teig zu einer Rolle formen und diese in 10 Scheiben schneiden. Daraus 10 Kugeln formen, mit Eiweiß bestreichen und auf das Backblech setzen.

3 | Im vorgeheizten Backofen (mittlere Schiene) etwa 20 Min. backen, bis die Scones leicht gebräunt sind. Herausnehmen, abkühlen lassen und möglichst frisch servieren.

Tipp

Dazu passt klassisch Clotted Cream (ersatzweise Creme Double oder Mascarpone) und Erdbeermarmelade – aber natürlich auch jede andere feine Konfitüre.

BEEREN-MUFFINS

Für 12 Muffins

250 g Mehl, Type 405

100 g Zucker

2 TL Backpulver

1 unbehandelte Orange

200 g frische Beeren, z. B. Heidelbeeren oder Himbeeren (ersatzweise TK-Beeren)

2 Eier

80 ml Pflanzenöl

200 ml Orangensaft

100 g Joghurt

1 Muffinsblech mit 12 Mulden

Butter für das Muffinsblech

Zubereitungszeit: 25 Min.
Backzeit: 25 Min.
Pro Stück ca. 180 kcal

1 | Backofen auf 180° (Umluft 160°) vorheizen. Das Muffinsblech mit etwas Butter fetten und in den Kühlschrank stellen. In einer großen Schüssel Mehl, Zucker und Backpulver gut vermischen. Die Orange waschen und trockenreiben. Mit einer feinen Küchenreibe die Schale der Orange abreiben und zur Mehlmischung geben. Die Beeren abspülen, gut abtropfen lassen.

2 | Eier schaumig rühren, Pflanzenöl, Orangensaft und Joghurt untermischen. Zur Mehlmischung geben und zügig unterrühren. Die Beeren unterheben.

3 | Den Teig in die Vertiefungen des Blechs füllen und im vorgeheizten Backofen (mittlere Schiene) etwa 25 Min. backen. Die Muffins 5 Min. in der Form abkühlen lassen, aus der Form nehmen und auf einem Kuchengitter abkühlen lassen.

87

KAFFEE-MANDEL-BAISERS

Für 24 Stück

1 Msp. Backpulver

2 EL gemahlene Mandeln

2 Eiweiße | 120 g sehr feiner Kristallzucker

1 TL Kaffeesirup (s. Rezept Seite 153 oder fertig gekauft)

Backpapier für das Blech

Zubereitungszeit: 10 Min.
Backzeit: 40 Min.
Pro Stück ca. 30 kcal

1 | Den Backofen auf 130° vorheizen (Umluft nicht geeignet). Das Backblech mit Backpapier belegen.

2 | Backpulver und Mandeln mischen. Eiweiße steif schlagen, dabei den Zucker bis auf einen kleinen Rest einrieseln lassen. Kaffeesirup und Mandeln vorsichtig unter den Eischnee heben.

3 | Die Masse mit Teelöffeln auf das Backpapier setzen, mit übrigem Zucker bestreuen. Im vorgeheizten Ofen 40 Min. backen, bis die Baisers knusprig sind. Herausnehmen, abkühlen lassen.

SCHOKO-KOKOS-KUGELN

Für 30 Kugeln

200 g Kokosmakronen

5 rote Pfefferkörner

6 EL Sahne

6 EL Kokosmilch

150 g dunkle Kuvertüre

60 g Butter

1 TL Mandelöl (ersatzweise neutrales Pflanzenöl)

2 EL Puderzucker

Zubereitungszeit: 1 Std.
Pro Stück ca. 85 kcal

1 | Makronen in einen Plastikbeutel stecken, Luft aus dem Beutel drücken und zubinden. Mit einem Nudelholz auf dem Beutel hin und her rollen, um die Makronen zu zerbröseln. Pfefferkörner im Mörser zerstoßen.

2 | Sahne und Kokosmilch in einem Topf erwärmen. Kuvertüre grob hacken und in der Sahne unter Rühren auflösen. Die Sahne darf nicht kochen. Butter, Mandelöl und Pfeffer zugeben. Makronenbrösel nach und nach unter die Creme rühren. Die Masse erkalten lassen.

3 | Von der jetzt festeren Masse mit einem Teelöffel Nocken abstechen und kleine Kugeln daraus formen. Puderzucker auf eine Platte sieben und die Kugeln darin wenden.

Im Bild rechts: Schoko-Kokos-Kugeln
links: Kaffee-Mandel-Baisers

US-PANCAKES

Für 4 Personen

200 g Mehl, Type 405

1 TL Backpulver

1/4 TL Salz

2 Eier

200 ml Milch

60 g Butter

Ahornsirup

Zubereitungszeit: 30 Min.
Quellzeit: 10 Min.
Pro Portion ca. 385 kcal

1 | Mehl, Backpulver und Salz in einer Schüssel vermengen. Eier verquirlen, mit der Milch mischen und die Mehlmischung zügig unterrühren. Den Teig 10 Min. quellen lassen.

2 | Butter portionsweise in einer beschichteten Pfanne erhitzen und für jeden Pfannkuchen eine kleine Kelle Teig hineingeben. Die Pancakes in etwa 6 Min. goldgelb backen. Sie sollten relativ dick sein. Wenn auf der Oberseite im Teig kleine Bläschen erscheinen, die Pancakes umdrehen und von der anderen Seite braten. Warm mit Ahornsirup servieren.

Variante mit Apfelkompott

2 säuerliche Äpfel schälen, vierteln, Kerngehäuse entfernen. Die Viertel in Spalten schneiden. 1 EL Butter in einer Pfanne erhitzen, die Apfelspalten darin anbraten, mit dem Saft 1/2 Zitrone beträufeln und 2–3 EL Ahornsirup dazugeben. Bei niedriger Hitze dünsten, bis die Äpfel weich sind, aber nicht zerfallen.

Tipp

Damit es dicke US-Pancakes werden, sollte der Teig eher zähflüssig sein. Die Flüssigkeit darum nach und nach dazugeben. Zum Braten die Pfanne nicht zu heiß werden lassen und wenig Butter verwenden.

Gehaltvolle Variante mit Butter

Unter den Teig 50 g geschmolzene Butter oder 2 EL Nuss- oder Mandelmus mischen.

Fruchtige Variante mit Obststückchen

Sie können den Teig mit Heidelbeeren, Apfelstückchen oder anderem Obst nach Ihrem Geschmack anreichern.

Frische Variante mit saurer Sahne

Statt der Milch verwenden Sie saure Sahne oder Buttermilch. Damit die Pancakes gut aufgehen, sollten Sie dann zusätzlich zum Backpulver 1 1/2 TL Natron zugeben.

Im Bild: Pancakes mit Apfelkompott

FRÜHLINGSROLLE MIT ERDBEEREN

Für 4 Personen

250 g Erdbeeren

2 Pfirsiche

6 Basilikumblätter

1 EL Zucker

30 g Puderzucker

30 ml Weißwein

1 Msp. Chilipulver

4 Frühlingsrollenblätter (TK, aus dem Asienladen)

1 Eiweiß

Öl zum Ausbacken

Zubereitungszeit: 30 Min.
Pro Portion ca. 225 kcal

1 | Erdbeeren putzen, die Pfirsiche mit kochendem Wasser überbrühen und häuten. 150 g Erdbeeren und die Pfirsiche in Scheiben schneiden. Basilikumblätter in schmale Streifen schneiden. Alles mit dem Zucker mischen.

2 | Für die Fruchtsauce die restlichen Erdbeeren mit 20 g Puderzucker, Weißwein und Chilipulver im Mixer pürieren. In den Kühlschrank stellen.

3 | Frühlingsrollenblätter auftauen und vorsichtig mit einem Messer voneinander lösen. Mit einem Pinsel die Ränder mit dem Eiweiß bestreichen. Jeweils in die Mitte des Teigblattes etwas von den Früchten geben. Das Blatt falten und die Ränder fest zusammendrücken.

4 | Das Öl erhitzen und die Frühlingsrollen knusprig ausbacken. Herausnehmen und auf Küchenpapier abtropfen lassen. Mit Puderzucker bestreuen und mit der Erdbeersauce servieren.

Tipp

Statt der Pfirsiche schmecken auch Nektarinen sehr gut in der Füllung. Sie müssen nicht gehäutet werden.

Varianten

Verwenden Sie auch andere Früchte der Saison zum Füllen. Zum Beispiel Erdbeeren mit Rhabarber, Pflaumen mit Orangen und Walnüssen, Mangos mit Cranberries und Chili, Quitten mit Preiselbeeren und Thymianhonig.

GRIESSSCHNITTE MIT KAFFEE-PFLAUME

Für eine Kastenform von 1 l Inhalt

1/4 l Milch

80 g Zucker

50 g Grieß

2 Blatt Gelatine

40 ml Orangenlikör

50 ml Orangensaft

125 g Sahne

Backpapier für die Form

Für die Kaffee-Pflaumen:

100 g weiche Backpflaumen ohne Kern

50 ml frisch gebrühter Kaffee

1 kleines Stück kandierter Ingwer (etwa haselnussgroß)

1 EL Orangenlikör

2 EL Orangensaft

Backpapier für die Form

Zubereitungszeit: 30 Min.
Kühlzeit: 1 + 6 Std.
Bei 12 Stück pro Stück ca. 120 kcal

1 | Milch und Zucker in einem Topf aufkochen. Den Grieß nach und nach einrieseln lassen und etwa 3 Min. köcheln lassen, dabei ab und zu umrühren. Die Grießmasse in eine Schüssel füllen und beiseite stellen.

2 | Die Gelatine in kaltem Wasser einweichen. In einem Topf Orangenlikör und Orangensaft erwärmen, die ausgedrückten Gelatineblätter darin auflösen. Dann unter die Grießmasse heben und 1 Std. kühl stellen.

3 | Die Sahne steif schlagen und unter den abgekühlten Grieß mischen. Eine Kastenform mit passend zugeschnittenem Backpapier auslegen, die Grießmasse hineinfüllen und 6 Std. im Kühlschrank fest werden lassen.

4 | Inzwischen die Backpflaumen mit dem heißen Kaffee übergießen, den Ingwer fein hacken und dazugeben. 1 Std. ziehen lassen. Mit Orangenlikör und eventuell etwas Orangensaft abschmecken.

5 | Zum Servieren die Form mit der Grießpastete stürzen, das Backpapier abziehen und die Pastete in 12 Scheiben schneiden. Die Kaffee-Pflaumen dazureichen.

Variante: Orientalischer Grießkuchen

Für eine Springform von 24 cm Durchmesser
150 g weiche Butter cremig rühren, 175 g Puderzucker, 1 Päckchen Vanillezucker und 2 Eier unterrühren. 500 g Grieß mit 1 TL Backpulver mischen und mit dem Schneebesen unterheben. 175 g Joghurt und 75 g gemahlene Mandeln mischen und ebenfalls unterheben. Den Kuchen bei 180° (Umluft 160°, mittlere Schiene) etwa 40 Min. backen.
Aus 300 g Zucker, 2 EL Zitronensaft, 1/2 TL Rosenwasser und 1/4 l Wasser einen Sirup kochen. Den noch warmen Kuchen damit tränken.

BAKLAVA

Für eine Auflauf- oder Backform (20 x 30 cm)

300 g Blätterteig (TK)

150 g gehackte Haselnüsse

200 g gehackte Mandeln

1 Eiweiß

1 EL Zucker

1/2 TL Zimtpulver

40 g Butter

200 g Honig

2 Zitronen

Backpapier für das Blech

Zubereitungszeit: 40 Min.
Backzeit: 15 Min.
Ruhezeit: 2 Std.
Bei 30 Stück pro Stück ca. 140 kcal

1 | Blätterteig auftauen lassen. Ein Backblech mit Backpapier auslegen. Nüsse und Mandeln fein hacken. Das Eiweiß mit Zucker und Zimtpulver steif schlagen und mit den Nüssen mischen. Backofen auf 180° vorheizen. Die Hälfte des Teiges auf das Format der Form ausrollen. In die Form legen und mit der Nussmischung bestreichen. Den restlichen Teig ausrollen, auf die Füllung legen und leicht andrücken.

2 | Mit einem scharfen Messer die obere Teigschicht in fingerlange Streifen schneiden (etwa 10 cm lang und 2 cm breit). Butter schmelzen und die Teigstreifen damit bestreichen. Im Backofen (mittlere Schiene, Umluft 160°) etwa 15 Min. hellbraun backen.

3 | In der Zwischenzeit den Honig mit 1/4 l Wasser aufkochen. Zitronen auspressen. Den Saft dazugießen und so lange einkochen, bis der Sirup zähflüssig wird.

4 | Die noch warmen Baklava-Schnitten mit dem Sirup tränken und etwa 2 Std. ruhen lassen. Dann ganz auseinander schneiden und mit einem türkischen Mokka oder orientalischen Gewürzkaffee (s. Seite 47 und 48) servieren.

ROSENSORBET

Für 4 Personen

175 g Zucker

2 EL Rosenwasser (Apotheke)

Saft von 1 Orange (100 ml)

2 TL Pfefferkörner

1 Eiweiß

4 Stängel Minze

Zubereitungszeit: 15 Min.
Pro Portion ca. 190 kcal

1 | 1/4 l Wasser mit dem Zucker in einem Topf erhitzen, bis sich der Zucker aufgelöst hat. Vom Herd nehmen und das Rosenwasser, den Orangensaft und die Pfefferkörner unterrühren. Alles 15 Min. ziehen lassen, die Mischung durch ein feines Sieb gießen und abkühlen lassen.

2 | Das Eiweiß steif schlagen und mit dem Sirup mischen. Die Masse in die Eismaschine geben, bis das Sorbet eine cremige Konsistenz hat.

3 | Das Sorbet auf 4 Gläser verteilen und mit je 1 Minzestängel dekorieren.

Variante ohne Eismaschine

Die Sorbetmasse ohne das Eiweiß 1 1/2 Std. in das Gefriergerät stellen. Dann den Eischnee mit dem Schneebesen unter die angefrorene Masse mischen. Weitere 3 Std. gefrieren lassen, dabei alle 30 Min. durchrühren, damit sich nicht zu große Eiskristalle bilden und das Sorbet cremig wird.

KNUSPERTÖRTCHEN MIT LORBEER UND MINZE

Für 6 Törtchen

12 getrocknete Datteln

8 getrocknete weiche Aprikosen

1 unbehandelte Limette

80 g brauner Zucker

1 EL Rum

4 frische Lorbeerblätter

2 EL Rosinen

1 Msp. geriebene Muskatnuss

1/4 TL gemahlene Nelken

3 EL Butter

10 Filoteigblätter (oder Brick- oder Yufkateigblätter)

1 TL geschälte Sesamsamen

Butter für die Förmchen

6 Brioches-Förmchen oder ein Muffinsblech

Minzeblättchen zum Garnieren

Zubereitungszeit: 1 Std.
Backzeit: 15 Min.
Pro Törtchen ca. 300 kcal

1 | Die Datteln entkernen. Datteln und Aprikosen in kleine Würfel schneiden. Die Limette waschen und in dünne Scheiben schneiden. 1/4 l Wasser mit Zucker, Rum und Lorbeerblättern erhitzen, Früchte, Rosinen, Muskat und gemahlenen Nelken dazugeben und 10 Min. ziehen lassen.

2 | Die Butter schmelzen, Förmchen mit Butter ausstreichen. Aus dem Teig 24 kreisrunde Blätter mit 12 cm Durchmesser ausschneiden und mit etwas flüssiger Butter bestreichen. Jeweils 3 Lagen in die Formen legen. Den Backofen auf 180° (Umluft 160°) vorheizen.

3 | Die Früchte in einem Sieb abtropfen lassen, Flüssigkeit auffangen, Lorbeerblätter und Limettenscheiben entfernen. Die Früchte auf die Förmchen verteilen. Als Deckel 12 kleine Kreise aus dem restlichen Teig schneiden, mit flüssiger Butter bestreichen und je 2 auf die Früchte setzen. Mit Sesam bestreuen und im vorgeheizten Backofen (mittlere Schiene) etwa 15 Min. backen.

4 | Inzwischen die Einweichflüssigkeit zu einem dickflüssigen Sirup einkochen. Die Törtchen aus den Förmchen nehmen, mit dem Sirup beträufeln und abkühlen lassen. Lauwarm oder kalt mit Minzeblättchen servieren.

KARIBIK-MOUSSE

Für 4 Personen

1 Vanilleschote

100 ml Espresso

2 Nelken

2 Stangen Zimt

1 Lorbeerblatt

6 Korianderkörner

150 g weiße Kuvertüre

3 Eier

50 g Zucker

1 Schuss weißer Rum

300 g Sahne

Zubereitungszeit: 30 Min.
Ruhezeit: 3 Std.
Pro Portion ca. 540 kcal

1 | Vanilleschote längs aufschlitzen. Espresso mit der Schote und den anderen Gewürzen in einem Topf 2 Min. aufkochen, vom Herd nehmen und 10 Min. ziehen lassen.

2 | Die Kuvertüre über Wasserbad oder in der Mikrowelle schmelzen. 2 Eier trennen. Die Eigelbe, das ganze Ei und den Zucker mit dem Handrührgerät dickschaumig aufschlagen, die flüssige Kuvertüre nach und nach unterschlagen. Den abgekühlten Espresso durch ein feines Sieb gießen und mit dem Rum unter die Schokoladenmasse rühren.

3 | Die Eiweiße und die Sahne getrennt steif schlagen. Zuerst die Sahne, anschließend den Eischnee mit dem Schneebesen unter die Schokoladencreme heben. In 4 Dessertschälchen oder Tassen füllen und zugedeckt 3 Std. im Kühlschrank fest werden lassen. Dazu passt eine Salsa aus exotischen Früchten oder frischer Ananas.

ZIMTKAFFEE-FLAN

Für 4 Personen

100 + 100 g Zucker

2 Eier

3 Eigelbe

1 TL Vanillezucker

1/4 TL Zimtpulver

200 g Sahne

50 ml abgekühlter Kaffee

4 feuerfeste Förmchen mit ca. 150 ml Inhalt

Zubereitungszeit: 30 Min.
Backzeit: 1 Std.
Kühlzeit: 4 Std.
Pro Portion ca. 460 kcal

1 | 100 g Zucker mit 1/8 l Wasser aufkochen und unter ständigem Rühren goldbraun karamellisieren lassen. Achtung, wird zum Schluss sehr schnell zu dunkel! Mit dem Karamell die Böden von 4 Förmchen ausgießen. Backofen auf 150° vorheizen (Umluft nicht geeignet).

2 | Eier und Eigelbe und den restlichen Zucker mit dem Handrührgerät cremig rühren (etwa 5 Min.), Vanillezucker, Zimt, Sahne und Kaffee unterschlagen.

3 | Die Masse auf die Förmchen verteilen. In den vorgeheizten Backofen (mittlere Schiene) auf ein tiefes Backblech stellen, etwa 3 cm hoch heißes Wasser dazugießen. Flan im Wasserbad in etwa 1 Std. stocken lassen. Die Garzeit beginnt, wenn das Wasser anfängt zu simmern. Herausnehmen, abkühlen lassen und etwa 4 Std. im Kühlschrank fest werden lassen.

4 | Zum Stürzen den Flan mit einem Messer vom Rand der Förmchen lösen und auf Dessertteller stürzen.

KAFFEE-VANILLE-WAFFELN

Für 6 Waffeln

2 Eier

60 g Zucker

2 Päckchen Vanillezucker

100 g Quark

200 g Mehl, Type 405

1 Päckchen Backpulver

50 g Sahne

100 ml Espresso

Butter für das Waffeleisen

Puderzucker zum Bestreuen

1 Packung Vanille-Eis

4 Stängel Minze zum Garnieren

Zubereitungszeit: 40 Min.
Ruhezeit: 30 Min.
Pro Waffel ca. 370 kcal

1 | Die Eier mit Zucker, Vanillezucker und Quark verrühren. Mehl, Backpulver, Sahne und Espresso abwechselnd dazugeben und unterarbeiten. Es soll ein flüssiger Teig entstehen. Den Teig etwa 30 Min. ruhen lassen.

2 | Das Waffeleisen vorheizen. Beide Seiten des Waffeleisens mit Butter fetten. Eine kleine Kelle Teig in das Waffeleisen gießen und das Waffeleisen schließen. Die Waffel in etwa 5 Min. hellbraun backen. Herausnehmen und warm halten. Aus dem restlichen Teig 5 weitere Waffeln backen. Die Waffeln mit Puderzucker bestreuen und mit Vanilleeis und Minzeblättchen servieren.

Variante mit Schoko-Mascarpone-Creme

100 g dunkle Schokolade grob hacken. Mit 1 EL Sahne und 1 EL Espresso in einem Topf sanft erhitzen und unter Rühren schmelzen und dann abkühlen lassen. 125 g Mascarpone, 100 g Sahne und die Schokolade mit dem Handrührgerät cremig aufschlagen. Statt Vanilleeis zu den Waffeln servieren.

MARZIPAN-CRANBERRY-WAFFELN

Für 6 Waffeln

100 g Cranberies oder Preiselbeeren

100 g Marzipanrohmasse

75 g Crème fraîche

75 ml Milch

1 Ei

100 g Mehl, Type 405

1 Prise Salz

1 EL Zucker

Butter für das Waffeleisen

100 g Sahne

1 EL Preiselbeerkonfitüre

Zubereitungszeit: 40 Min.
Ruhezeit: 30 Min.
Pro Waffel ca. 290 kcal

1 | Die Beeren waschen, schlechte heraussammeln. Die Marzipanrohmasse mit der Gabel zerdrücken, mit Crème fraîche und Milch glatt rühren. Nach und nach Ei, Mehl, Salz und Zucker unterrühren. Den Teig 30 Min. ruhen lassen. Die Beeren unterheben.

2 | Das Waffeleisen vorheizen und fetten. Teig einfüllen und jede Waffel in etwa 5 Min. goldbraun backen. Aus dem restlichen Teig 5 weitere Waffeln backen.

3 | Die Sahne steif schlagen. Die Konfitüre locker unterziehen. Die Waffeln mit der Preiselbeersahne servieren.

Donuts

Für 24 Donuts

1/8 l Milch

120 g Zucker

1 Würfel frische Hefe (42 g)

500 g Mehl, Type 405

1/2 TL Salz

80 g weiche Butter

2 Eigelbe

1 kg Frittierfett

Mehl zum Ausrollen

Puderzucker zum Bestreuen

Zubereitungszeit: 30 Min.
Ruhezeiten: 1 Std.
Pro Stück ca. 160 kcal

1 | Die Milch mit 1/8 l warmem Wasser und 1 TL Zucker vermischen. Die Hefe zerkrümeln und in der Milch auflösen. 10 Min. ruhen lassen.

2 | Das Mehl mit dem restlichen Zucker, Salz, Butter und Eigelben in eine Schüssel geben. Die Hefemilch dazugießen und alles zu einem elastischen Teig kneten. Zugedeckt an einem warmen Ort etwa 30 Min. gehen lassen.

3 | Den Teig durchkneten und auf einer bemehlten Fläche etwa 1,5 cm dick ausrollen. Aus dem Teig Kreise mit einem Durchmesser von etwa 8 cm ausstechen. Aus der Mitte jeweils einen etwa 3 cm großen Kreis (z. B. mit einem Schnapsglas) ausstechen und entfernen. Den Teig so nacheinander verarbeiten. Die Teigringe zugedeckt noch einmal 20 Min. gehen lassen.

4 | Inzwischen das Frittierfett auf 175° erhitzen. Es ist heiß genug, wenn an einem hineingetauchten Holzkochlöffel Bläschen aufsteigen. Die Donuts portionsweise von jeder Seite 2 Min. goldbraun frittieren, herausnehmen und auf Küchenpapier abtropfen lassen. Mit Puderzucker bestreuen.

Tipps zum Verzieren

Beim Verzieren der Donuts sind der Fantasie keine Grenzen gesetzt:
› Zuckerguss aus 300 g Puderzucker und 6 EL Zitronensaft oder 6 EL Espresso, Kaffeelikör, Orangenlikör oder Kirschsaft rühren und die Donuts damit überziehen.
› Für einen Schokoguss weiße oder dunkle Kuvertüre im Wasserbad schmelzen und die Donuts eintauchen oder damit bestreichen.
› Zusätzlich können Sie natürlich Zuckerstreusel, gehackte Mandeln, Nüssen, Pistazien, Schokostreusel auf die Glasur streuen.

Gefüllte Varianten

Fruchtiger Quark: 250 g Quark mit wenig Mineralwasser glatt rühren. Mit 250 g geputzten, klein geschnittenen Früchten (z. B. Beeren, Orangen, Mangos) mischen und nach Geschmack mit Puderzucker süßen.
Schokocreme: 250 g dunkle Kuvertüre, 125 g Sahne und 70 g Butter unter Rühren schmelzen. Gut abkühlen lassen und mit dem Handrührgerät cremig aufschlagen.
Die Donuts quer halbieren und mit einer der Cremes füllen.

Tipp

Wenn Sie nicht so viele Donuts ausbacken wollen und Teig übrig bleibt, einfach Rosinen unter den Teig kneten und daraus kleine Brötchen formen. Die Rosinenbrötchen auf einem mit Backpapier ausgelegten Backblech bei 180° (Umluft 160°, mittlere Schiene) etwa 15 Min. backen, bis sie goldbraun sind.

PIKANTES ZUM KAFFEE

SNACKS UND KLEINE MITTAGESSEN

DIE REZEPTE

TUNFISCH-TRAMEZZINI

Für 6 Tramezzini

150 g Tunfisch naturel (Abtropfgewicht, Dose)

1 Bio-Zitrone

3 EL Mayonnaise

3 EL Crème fraîche

Salz

Pfeffer

12 Scheiben Sandwichbrot

1 TL kleine Kapern

1 EL Schnittlauchröllchen

2 Tomaten

4 große Radicchioblätter

Zubereitungszeit: 15 Min.
Pro Stück ca. 210 kcal

1 | Tunfisch im Sieb abtropfen lassen, etwas ausdrücken und mit der Gabel zerpflücken. Die Zitrone waschen und trockenreiben. Schale mit dem Zestenreißer abziehen, Saft auspressen. Mayonnaise und Crème fraîche verrühren, mit Salz, Pfeffer, Zitronenschale und -saft würzen. Die Brotscheiben dünn mit der Mischung bestreichen. Tunfisch, Kapern und Schnittlauchröllchen unter die restliche Creme mischen.

2 | Die Tomaten waschen und in dünne Scheiben schneiden. Radicchioblätter waschen, trockentupfen und 4 Brotscheiben damit belegen. Die Tunfischmasse und Tomatenscheiben darauf verteilen, salzen und pfeffern. Jeweils 1 Brotscheibe darauf drücken und diagonal halbieren oder vierteln.

AVOCADO-KRABBEN-TRAMEZZINI

Für 4 Tramezzini

1 reife Avocado

3 TL Zitronensaft

Salz

Pfeffer

100 g Grönlandkrabbenfleisch

1 Stange Staudensellerie

4 Salatblätter

100 + 50 g Doppelrahmfrischkäse

3 EL Joghurt

1 Kästchen Kresse

8 Scheiben Sandwichbrot

Zubereitungszeit: 20 Min.
Pro Stück ca. 360 kcal

1 | Die Avocado halbieren, Kern herauslösen, das Fruchtfleisch aus der Schale lösen und würfeln. Mit 2 TL Zitronensaft, Salz und Pfeffer würzen. Das Krabbenfleisch klein schneiden. Staudensellerie waschen, putzen und in sehr feine Streifen schneiden. Salatblätter waschen und trockentupfen.

2 | 100 g Frischkäse mit Joghurt glatt rühren. Krabben, Sellerie und Avocado untermischen. Mit übrigem Zitronensaft, Salz und Pfeffer abschmecken. 4 Scheiben Brot mit dem restlichen Frischkäse bestreichen, mit je 1 Salatblatt belegen. Krabben-Frischkäse darauf verteilen, die Kresse abschneiden und auf den Frischkäse streuen. Je 1 Brotscheibe darauf drücken und diagonal halbieren oder vierteln.

GEFÜLLTE PANINI

Für 4 Personen

2 Kugeln Mozzarella (250 g)

125 g Parmaschinken

8 getrocknete Tomaten in Öl

2–3 Stängel Basilikum

Salz

Pfeffer

2 kleine Zucchini

1 EL Olivenöl

2 EL Basilikum-Pesto

4 Ciabatta-Brötchen (ersatzweise Sandwich-Brötchen)

Zubereitungszeit: 25 Min.
Backzeit: 20 Min.
Pro Portion ca. 495 kcal

1 | Mozzarella klein würfeln, den Schinken und Tomaten in Streifen schneiden. Basilikum waschen, Blättchen abzupfen und in feine Streifen schneiden. Alles mischen und mit Salz und Pfeffer würzen. Backofen auf 180° (Umluft 160°) vorheizen.

2 | Zucchini waschen, putzen und längs in dünne Scheiben schneiden. In einer Pfanne das Olivenöl erhitzen, die Zucchinischeiben etwa 1 Min. darin braten, bis sie weich sind. Mit Salz, Pfeffer und Pesto würzen.

3 | Brötchen halbieren und einen Teil der Krume entfernen. Die Mozzarella-Schinken-Mischung und die Zucchini einfüllen, mit Pesto beträufeln. Den Deckel darauf setzen, die Brötchen einzeln in Alufolie wickeln. Im Backofen (mittlere Schiene) etwa 20 Min. backen. Heiß servieren.

CROQUE MONSIEUR

Für 4 Personen

8 Scheiben Toastbrot

30 g Butter

8 Scheiben Gruyère

4 Scheiben Schinken

4 El geriebener Gruyère

2 EL Sahne

schwarzer Pfeffer aus der Mühle

Zubereitungszeit: 20 Min.
Pro Portion ca. 555 kcal

1 | Einen Grill oder Backofen mit Grillfunktion (220°) vorheizen. Das Brot toasten und 4 Scheiben mit Butter bestreichen. Mit je 1 Scheibe Käse, Schinken und wieder mit Käse belegen.

2 | Den geriebenen Käse mit der Sahne mischen und auf die restlichen 4 Brotscheiben streichen. Auf die belegten Brotscheiben setzen, etwas andrücken. Unter dem Grill goldgelb überbacken. Schwarzen Pfeffer darüber mahlen und sofort servieren.

Variante: Würzige Toast-Ecken

80 g Butter, 1 TL scharfer Senf, 1 EL Portwein und je 1 EL Schnittlauchröllchen und gehackte Petersilie cremig rühren. 100 g würzigen, geriebenen Käse (z. B. Cheddar oder Bergkäse) unterrühren. Mit Salz und Pfeffer abschmecken und 8 Toastbrotscheiben damit bestreichen. Im Backofen etwa 5 Min. überbacken und heiß servieren.

PAPRIKA-WRAPS

Für 4 Wraps

8 Kopfsalatblätter

1 rote Paprikaschote

3 EL Olivenöl

Salz | Pfeffer

150 g Tunfischfilet

4 EL Joghurt

2 TL Zitronensaft

2 Msp. Cayennepfeffer

4 Tortillas (s. Rezept Seite 152 oder fertig gekaufte)

100 g Alfalfa-Sprossen

2 EL Korianderblättchen

Zubereitungszeit: 35 Min.
Pro Wrap ca. 440 kcal

1 | Die Salatblätter waschen, trockentupfen und die dicken Blattrippen herausschneiden. Die Paprikaschote waschen, putzen und in Streifen schneiden. In 2 EL Olivenöl kurz anbraten, salzen und aus der Pfanne nehmen. Tunfisch pfeffern und salzen, 1 EL Olivenöl in der Pfanne erhitzen und den Tunfisch von allen Seiten bei großer Hitze kurz anbraten, dann herausnehmen. Joghurt mit Zitronensaft, Cayennepfeffer und Salz würzen. Den Tunfisch in dünne Scheiben schneiden.

2 | Tortillas mit Salatblättern belegen. Sprossen und Zitronenjoghurt darauf verteilen, mit Tunfisch und Paprikastreifen belegen, mit Korianderblättchen bestreuen. Die Tortillas aufrollen. Dafür eine Seite nach innen einschlagen (damit unten nichts hinausläuft) und dann quer dazu aufrollen.

LACHS-WRAPS

Für 4 Wraps

2 EL Akazienhonig

2 EL körniger Senf

2 EL Olivenöl

1 EL fein geschnittener Dill

2 Frühlingszwiebeln

4 Eisbergsalatblätter

4 Tortillas (s. Rezept Seite 152 oder fertig gekaufte)

4 TL Crème fraîche

4 große Scheiben gebeizter Lachs

Zubereitungszeit: 25 Min.
Pro Wrap ca. 500 kcal

1 | Honig mit Senf, Olivenöl und Dill verrühren. Die Frühlingszwiebeln putzen und in feine Ringe schneiden. Salatblätter in Streifen schneiden.

2 | Tortillas mit jeweils 1 TL Crème fraîche bestreichen. Salatstreifen darauf verteilen und mit 1 Scheibe Lachs belegen. Mit Honig-Senf-Sauce beträufeln. Zwiebelringe darüber streuen und die Tortillas aufrollen.

Tipp

Lachs kann man leicht selber beizen. Auf Seite 128 finden Sie das Rezept für Gravad Lax. Der dort beschriebene »Gebeizte Kaffee-Lachs« ist aber ebenso gut geeignet. Nehmen Sie dann statt der Honig-Senf-Sauce die Safran-Orangen-Sauce.

ROASTBEEF-BAGEL

Für 4 Bagels

4 Bagels (s. Rezept Seite 153 oder fertig gekaufte)

4 EL Remoulade

8 mittelgroße Kopfsalatblätter

2 mittelgroße Gewürzgurken

12 Scheiben Roastbeef

Salz | Pfeffer aus der Mühle

2 EL kleine Kapern (Nonpareille)

2 TL scharfer Senf

Zubereitungszeit: 10 Min.
Pro Bagel ca. 355 kcal

1 | Bagels aufschneiden und toasten. Die unteren Hälften mit etwas Remoulade bestreichen. 4 Salatblätter darauf legen. Gurken in Scheiben schneiden. Gurken- und Roastbeefscheiben gleichmäßig auf den Bagels verteilen. Salzen und Pfeffer darüber mahlen. Übrige Remoulade und Kapern verrühren und auf dem Roastbeef verteilen. Mit übrigen Salatblättern bedecken. Die oberen Bagelhälften mit Senf bestreichen und darauf setzen.

Variante mit Hähnchensalat

300 g gebratene Hähnchenbrust in Streifen schneiden. 100 g grie-chischen Joghurt mit 2 EL Mayonnaise, 1 EL Zitronensaft, 1 EL Currypaste und 1 EL Mango-Chutney verrühren. 1 Mango schä-len, Fruchtfleisch vom Kern schneiden und würfeln. Alles mitei-nander mischen. Bagels nach Belieben toasten, mit Butter bestrei-chen. Mit je 1 Salatblatt belegen, den Salat und 100 g Linsen-sprossen darauf verteilen, obere Bagelhälfte darauf setzen.

Variante mit Schinken und Feigen

Bagels halbieren, toasten und leicht buttern. 4 sehr reife Feigen waschen, in Scheiben schneiden und darauf verteilen. Mit Basilikumblättchen und je 1 Scheibe Schinken belegen. Schwarzen Pfeffer darüber mahlen und die obere Bagelhälfte darauf setzen.

BAGEL MIT GERÄUCHERTER FORELLE

Für 4 Bagels

80 g weiche Butter

Salz

1/4 TL abgeriebene Schale von 1 Bio-Zitrone

1 EL Zitronensaft

2 EL geriebener Meerrettich (Glas)

1 kleine Gurke

4 Bagels (s. Rezept Seite 153 oder fertig gekaufte)

4 Friséesalatblätter

200 g geräucherte Forellenfilets

schwarzer Pfeffer aus der Mühle

1 Kästchen Kresse

Zubereitungszeit: 10 Min.
Pro Bagel ca. 275 kcal

1 | Die weiche Butter mit 1/2 TL Salz, Zitronenschale, Zitronensaft und geriebenem Meerrettich mischen. Die Gurke schälen, in Scheiben schneiden, leicht salzen und kurz ziehen lassen.

2 | Bagels halbieren, nach Belieben toasten und beide Hälften mit der Meerrettichbutter bestreichen. Je 1 Salatblatt, Gurken-scheiben und zerzupfte Forellenfilets darauf verteilen und schwarzen Pfeffer darüber mahlen. Die Kresse vom Beet ab-schneiden und darüber streuen. Die oberen Bagelhälften darauf setzen.

Variante mit Räucherlachs

100 g Doppelrahmfrischkäse mit 100 g saurer Sahne, 2 EL gerie-benem Meerrettich, 2 TL Zitronensaft und 1 EL gehacktem Dill verrühren. Die Bagels quer aufschneiden und nach Belieben toas-ten. Die unteren Hälften der Bagels dick mit der Frischkäse-mischung bestreichen und mit 200 g Räucherlachs in Scheiben belegen. Pfeffer darüber mahlen und mit Kerbelblättchen bestreu-en. Die oberen Bagelhälften darauf setzen und sofort servieren.

GORGONZOLA-CREME MIT LAVENDEL

Für 4 Personen

50 g Walnusskerne

3 Stängel Thymian

150 g cremiger Gorgonzola

2 EL saure Sahne

1 TL Lavendelhonig (ersatzweise ein anderer flüssiger Honig)

1/2 TL getrocknete Lavendelblüten (nach Belieben)

Zubereitungszeit: 10 Min.
Pro Portion ca. 230 kcal

1 | Die Walnusskerne grob hacken. Thymian waschen, trocken-tupfen und die Blättchen von den Stängeln streifen. Gorgonzola mit saurer Sahne und Lavendelhonig cremig rühren. Mit Walnüssen und Thymian verrühren und mit Lavendel-blüten und Thymianblättchen bestreuen.
Gut auf knusprigem Baguette oder Walnussbrot.

Tipp

Die Creme eignet sich auch sehr gut als pikante Füllung für kleine Windbeutel (s. Rezept für Profiteroles Seite 152).

FORELLEN-WASABI-CREME

Für 4 Personen

1 Stange Staudensellerie

1 Apfel

1 Bio-Zitrone

100 g saure Sahne

50 g Mayonnaise

**1–2 TL Wasabipaste
(ersatzweise 1–2 EL Meerrettich aus dem Glas)**

125 g geräuchertes Forellenfilet

1 Bund Schnittlauch

Salz | grob gemahlener schwarzer Pfeffer

Zubereitungszeit: 25 Min.
Pro Portion ca. 210 kcal

1 | Sellerie putzen und fein würfeln. Apfel waschen und mit der Schale grob reiben. Zitrone waschen und die Schale mit dem Zestenreißer abziehen, den Saft auspressen.

2 | Saure Sahne und Mayonnaise mit Wasabi, 1–2 EL Zitronensaft und 1/4 TL Zitronenschale, Sellerie und Apfel mischen. Forellenfilet fein zerzupfen und untermischen. Schnittlauch waschen, trockenschütteln, in Röllchen schneiden und ebenfalls untermischen. Mit Salz und Pfeffer würzen.

PFEFFRIGE LEBERCREME

Für 4 Personen

200 g Hähnchenlebern

2 Schalotten

2 EL Butter

2 EL Espresso

2 EL Sherry

Salz

100 g Sahne

1 EL grüner Pfeffer

Zubereitungszeit: 30 Min.
Pro Portion ca. 190 kcal

1 | Hähnchenlebern putzen, Fett und Häute entfernen. Schalotten fein hacken. Butter in der Pfanne erhitzen, Schalotten anbraten und die Hähnchenlebern dazugeben. Bei niedriger Hitze etwa 10 Min. garen.

2 | Mit Espresso und Sherry ablöschen und einkochen, bis die Flüssigkeit verdampft ist. Salzen und etwas abkühlen lassen. Mit der Sahne pürieren, den grünen Pfeffer unterrühren, noch einmal abschmecken und kühl stellen.
Schmeckt gut auf Bauernbrot oder geröstetem Weißbrot.

SCHARFE ZIEGENKÄSE-CREME

Für 4 Personen

100 g Ziegenfrischkäse

100 g saure Sahne

1 Knoblauchzehe

1 kleine rote Chilischote

50 g getrocknete Tomaten in Öl

1 Bund Basilikum

Salz | 3 EL Pinienkerne

Zubereitungszeit: 20 Min.
Pro Portion ca. 210 kcal

1 | Den Ziegenfrischkäse und die saure Sahne mit dem Handrührgerät glatt rühren. Knoblauch schälen und dazupressen. Die Chilischote aufschlitzen, Kerne und Stielansatz entfernen, Schote fein hacken. Die Tomaten gut abtropfen lassen und ebenfalls fein hacken. Basilikum waschen, trockentupfen, Blättchen in Streifen schneiden.

2 | Alles unter die Käsecreme rühren und vorsichtig mit Salz abschmecken. Pinienkerne in der trockenen Pfanne leicht rösten und darüber streuen. Gut auf geröstetem Weißbrot oder als Dip für Gemüsesticks.

117

Im Bild oben links: Rucola-Schinken-Pizza;
oben rechts: Tomaten-Mozzarella-Pizza;
unten: Käsepizza

MINI-PIZZEN MIT TOMATEN UND MOZZARELLA

Für 10 kleine Pizzen

Für den Teig:

300 g Mehl, Type 405

Salz

10 g frische Hefe

1 EL Olivenöl

Für den Belag:

1 Zwiebel

4 mittelgroße reife Tomaten

2 EL Olivenöl

1 TL Tomatenmark

4 EL gehacktes Basilikum

Salz

Pfeffer

150 g Mozzarella oder Ziegenfrischkäse

Mehl für die Arbeitsfläche

Backpapier für das Blech

Zubereitungszeit: 40 Min.
Ruhezeit: 1 Std.
Pro Pizza ca. 165 kcal

1 | Das Mehl mit etwas Salz mischen, Hefe zerkrümeln und in 150 ml lauwarmem Wasser anrühren. Mit dem Öl zum Mehl geben und zu einem glatten Teig verkneten. Zu einer Kugel formen und 1 Std. gehen lassen.

2 | Die Zwiebel schälen und hacken, Tomaten waschen, würfeln, Stielansatz entfernen. Olivenöl in einer Pfanne erhitzen, Zwiebel anbraten, Tomaten dazugeben und offen 5–6 Min. bei großer Hitze einkochen lassen ohne zu rühren. Tomatenmark und Basilikum unterrühren, salzen und pfeffern.

3 | Den Backofen auf 200° (Umluft 180°) vorheizen. Den Teig in 10 Portionen teilen, Kugeln daraus formen und auf etwas Mehl zu kleinen Pizzaböden ausrollen. Einen Rand formen und den Boden mit Tomatensauce dick bestreichen. Den Käse würfeln und auf die Pizzen streuen. Auf ein mit Backpapier belegtes Blech setzen und im Ofen (mittlere Schiene) 15 Min. backen, bis sie leicht gebräunt sind. Herausnehmen und servieren.

Variante: Käsepizza

Je 3 Stängel Thymian, Oregano und Salbei waschen, die Blättchen abzupfen. Je 100 g Gorgonzola und Provolone in kleine Würfel schneiden, mit 200 g Crème fraîche verrühren und die Mischung auf die Pizzaböden streichen. Mit Kräuterblättchen belegen und 12–15 Min. backen.

Variante: Rucola-Schinken-Pizza

4 Tomaten überbrühen, häuten, entkernen und das Fruchtfleisch in Streifen schneiden. 150 g Mozzarella in Stücke reißen. 100 g Parmaschinken in Stücke zupfen. 50 g Rucola waschen, trockentupfen, die Hälfte der Blätter kurz in heißem Olivenöl andünsten. Den Rest beiseite stellen. Alle Zutaten bis auf die frischen Rucolablätter in lockerer Folge auf die Pizzaböden legen. Mit gestoßenem Pfeffer bestreuen und 12–15 Min. backen. Nach dem Backen mit dem restlichen Rucola belegen.

Im Bild hinten: Blätterteigpasteten mit Spinat;
vorne: Nudelplätzchen

NUDELPLÄTZCHEN

Snack für 4 Personen (30 Stück)

200 g Mehl, Type 405

Salz

1 Ei

3 Eigelbe

1 Bund gemischte Kräuter
(z. B. Basilikum, Salbei, Minze)

50 + 50 g frisch geriebener Parmesan

60 ml Olivenöl

Mehl für die Arbeitsfläche

Zubereitungszeit: 1 Std.
Ruhezeit: 30 Min.
Pro Stück ca. 55 kcal

1 | Das Mehl, 1/2 TL Salz, Eier und Eigelbe zu einem glatten Teig verkneten. 30 Min. zugedeckt ruhen lassen. Die Kräuter waschen, die Blätter abzupfen und grob hacken. Einige Blättchen beiseite legen. Die übrigen mit 50 g Parmesan und 2 EL Olivenöl mischen.

2 | Den Teig mit der Nudelmaschine möglichst dünn ausrollen. Die Teigbahn in zwei gleich große Stücke teilen und auf ein bemehltes Küchenbrett legen. Auf das eine Stück in Abständen mit einem Teelöffel kleine Kräuterhäufchen setzen. Die zweite Teigbahn darüber legen. Mit einem Glas runde Plätzchen ausstechen. Den Teig mit der flachen Hand andrücken, damit Luft entweichen kann. Die Ränder fest zusammendrücken.

3 | Das restliche Olivenöl bis auf 1 EL in einer Pfanne erhitzen und die Plätzchen bei mittlerer Hitze auf jeder Seite in etwa 3 Min. goldbraun braten. Herausnehmen und auf Küchenpapier abtropfen lassen. Noch etwas Öl in der Pfanne erhitzen und die restlichen Kräuterblätter darin knusprig frittieren. Mit den Nudelplätzchen servieren. Übrigen Parmesan dazureichen.

Tipp

Statt der Kräuter können Sie die Nudelplätzchen auch mit je 1 TL Basilikum- oder rotem Tomaten-Pesto füllen.

BLÄTTERTEIGPASTETEN MIT SPINAT

Für 10 Stück

450 g Blattspinat (TK)

450 g Blätterteig (10 Teigquadrate, TK)

2 Eier

300 g Ricotta

100 g frisch geriebener Parmesan

Salz | Pfeffer

1 Eigelb

2 EL Milch

Backpapier für das Blech

Zubereitungszeit: 20 Min.
Backzeit: 25 Min.
Pro Stück ca. 305 kcal

1 | Den Spinat in einem Sieb, die Blätterteigplatten nebeneinander gelegt auftauen lassen. Die Blätterteigplatten ausrollen und insgesamt 10 Teigquadrate daraus schneiden. Den Spinat gut ausdrücken und grob hacken.

2 | Den Backofen auf 200° (Umluft 180°) vorheizen. Backblech mit Backpapier auslegen. Spinat mit den Eiern, Ricotta und Parmesan mischen, mit Salz und Pfeffer würzen. Die Füllung auf die Blätterteigstücke verteilen. Jeweils eine Ecke über die Füllung schlagen, so dass Dreiecke entstehen. An den Rändern gut mit einer Gabel festdrücken.

3 | Die Pasteten auf das Backblech setzen. Eigelb mit der Milch verrühren und die Teigtäschchen damit bestreichen. Im vorgeheizten Ofen (mittlere Schiene) in 25 Min. goldgelb backen.

Die folgenden Rezepte haben wir mit der Dampfdüse der Espressomaschine zubereitet. Das funktioniert am besten mit Maschinen, die einen Druck von mindesten 1,1 bar liefern. Beim Einsatz der Dampfdüse sollte möglichst wenig Wasser produziert werden, damit die Schaumsüppchen nicht verdünnt werden. Das erreicht man, indem das Ventil voll aufgedreht wird. Das erfordert eine gewisse Nervenstärke, bringt aber dann umso mehr Spaß – es zischt wie in einer richtigen Espressobar.

ERBSEN-MINZE-SÜPPCHEN

Für 4 Personen als kleiner Suppensnack

200 g Erbsen (TK)

3 Stängel Minze

80 g Sahne

Salz

Zubereitungszeit: 20 Min.
Pro Portion ca. 60 kcal

1 | Die Erbsen auftauen. Die Espressomaschine einschalten. 4 Espressotassen oder kleine Gläser vorwärmen. Minze waschen, Blättchen abzupfen. 4 Blättchen beiseite legen, die restlichen mit den Erbsen und der Sahne im Mixer fein pürieren. Mit Salz abschmecken.

2 | Die Masse portionsweise in ein Metallkännchen gießen und mit der Dampfdüse erhitzen und aufschäumen. (Menge je nach Power der Maschine). In die Espressotassen füllen und mit einem Minzeblatt servieren.

Konventionelle Variante

Die pürierten Sahneerbsen in einem Topf oder der Mikrowelle erhitzen. Mit dem Pürierstab aufschäumen und in die Tässchen füllen.

FRUCHT-SABAYONE

Für 4 Personen

250 g Himbeeren

2 EL Zucker

50 ml Weißwein

2 Eigelbe

4 cl Marsala

Zubereitungszeit: 10 Min.
Pro Portion ca. 100 kcal

1 | Die Himbeeren mit Zucker und Weißwein mit dem Pürierstab pürieren. Espressomaschine einschalten. Eigelbe und Marsala mit dem Schneebesen schaumig verquirlen, mit dem Himbeerpüree verrühren.

2 | Die Mischung portionsweise in ein Metallkännchen geben. Die Dampfdüse einschalten und die Creme damit aufschäumen, bis sie warm ist und kräftigen Schaum entwickelt hat. In kleine Glasschalen gießen und noch warm genießen.

Konventionelle Variante

Die Mischung in eine Metallschüssel über dem Wasserbad erwärmen und mit dem Schneebesen aufschlagen.

TOMATEN-SCHAUM

Für 4 Personen als kleiner Suppensnack

4 EL Tomatenmark

100 ml Milch

100 g Sahne

10 Basilikumblätter

3 Stängel Thymian

1 Knoblauchzehe

Salz | Pfeffer

Zubereitungszeit: 15 Min.
Pro Portion ca. 100 kcal

1 | Espressomaschine einschalten. Cappuccinotassen vorwärmen. Tomatenmark, Milch und Sahne gut verrühren. Kräuter waschen, Blättchen abzupfen, klein hacken. Knoblauch schälen und durch die Presse drücken. Unter die Tomatensahne rühren. Mit Salz und Pfeffer abschmecken und in ein Metallkännchen füllen.

2 | Die Tomatensahne mit der Dampfdüse erhitzen und kräftig aufschäumen. Süppchen in 4 Tassen gießen und sofort genießen.

Konventionelle Variante

Die Tomatensahne im Topf auf dem Herd oder in der Mikrowelle erhitzen. Mit dem Pürierstab aufschäumen, in die Tassen gießen.

TARTELETTES MIT BASILIKUM-SCHAUM

Für 4 Personen

4 EL frisches Basilikum-Pesto
(s. Rezept auf dieser Seite)

2 Eigelbe

150 g Sahne

4 Tartelettes (fertig gekauft oder selbst gebacken
(s. Rezept Seite 56)

Zubereitungszeit: 10 Min.
Pro Stück ca. 250 kcal

1 | Die Espressomaschine einschalten. Pesto, die Eigelbe und die Sahne verrühren. Die Mischung in ein Metallkännchen füllen. Mit der Dampfdüse erhitzen und aufschäumen.

2 | Tartelettes damit füllen und kühl stellen, bis der Basilikumschaum fest geworden ist.

Trinkbare Variante mit Milch

Statt der Sahne eine Mischung aus 100 ml Milch und 100 ml Sahne nehmen. Aufschäumen wie gewöhnt, in vorgewärmte Schalen füllen und auslöffeln.

Basilikum-Pesto

2 Bund Basilikum und 1 Bund Petersilie waschen, trockentupfen, die Blätter von den Stielen zupfen. 2 Knoblauchzehen schälen, durch die Presse drücken. Kräuter, Knoblauch, 3–4 EL Olivenöl und 2 EL Pinienkerne im Mixer pürieren. Eventuell noch etwas Olivenöl dazugeben. 50 g geriebenen Parmesan unterrühren und mit Salz und Pfeffer abschmecken. In ein verschließbares Glas füllen und mit Olivenöl bedecken. Das Pesto hält sich im Kühlschrank einige Wochen.

KOCHEN MIT KAFFEE
GANZ NEUE GESCHMACKS-ERLEBNISSE

DIE REZEPTE

GEBEIZTER KAFFEELACHS

Für 4 Personen

30 g Kaffeebohnen

1 EL schwarze Pfefferkörner

1 EL Pimentkörner

4 EL Meersalz

3 EL Zucker

600 g sehr frisches Lachsfilet ohne Haut und Gräten

2 EL Pflanzenöl

Für die Sauce:

10 Safranfäden

1/4 TL Salz

1 TL Zitronensaft

2 EL Mayonnaise

3 EL Joghurt

1/2 TL Akazienhonig

1 Prise Cayennepfeffer

Zubereitungszeit: 30 Min.
Marinierzeit: 12 Std.
Pro Portion ca. 460 kcal

1 | Backofen auf 75° vorheizen. Die Kaffeebohnen im Backofen etwa 30 Min. erhitzen. Abkühlen lassen. Pfeffer und Piment im Mörser zerstoßen. Die Kaffeebohnen ebenfalls grob zerstoßen und mit Pfeffer, Piment, Salz und Zucker mischen. Das Lachsfilet damit bestreuen, in Frischhaltefolie einpacken und in eine passende Schale legen, da beim Beizen Flüssigkeit aus dem Lachs austritt. Etwa 12 Std. im Kühlschrank ziehen lassen.

2 | Für die Sauce den Safran mit Salz im Mörser zerreiben, mit Zitronensaft mischen und etwas stehen lassen. Mayonnaise und Joghurt mit Honig und Cayennepfeffer verrühren, den Safran untermischen.

3 | Den Lachs aus der Folie nehmen, die Gewürze kurz unter fließendem kaltem Wasser abspülen. Den Fisch trockentupfen. Öl in einer Pfanne erhitzen und das Lachsfilet 2–3 Sek. von jeder Seite anbraten. Dann in dünne Scheiben schneiden und mit der Sauce servieren.
Dazu passt ein Friséesalat mit Vinaigrette und Weißbrot.

Klassische Variante: Gravad Lax

1 kg Lachsfilet mit Haut mit einer Mischung aus 4 EL Salz, 3 EL Zucker, 1 EL grob gemahlenem Pfeffer und 2 EL fein geschnittenem Dill von allen Seiten bestreuen. Den Lachs in eine Porzellanschüssel legen, mit Frischhaltefolie abdecken und beschweren. 36 Std. im Kühlschrank ruhen lassen, nach der Hälfte der Zeit umdrehen. Dann aus der Form nehmen, die Gewürze abstreifen, den Fisch trockentupfen und mit einem Lachsmesser in dünnen Scheiben von der Haut schneiden. Mit süßer Senf-Dill-Sauce servieren.

ROTE BETEN IN KAFFEE GEGART

Für 4 Personen

500 g kleine Rote Beten

600 ml frisch gebrühter Kaffee

2 Lorbeerblätter

1 EL Butter

Salz | Pfeffer

50 ml Orangensaft

2 EL Preiselbeerkompott (Glas)

Zubereitungszeit: 15 Min.
Garzeit: 30 Min.
Pro Portion ca. 85 kcal

1 | Roten Beten schälen, am besten dabei Gummihandschuhe anziehen, da sie stark färben. In einen Topf den Kaffee mit den Lorbeerblättern aufkochen, die Roten Beten darin etwa 30 Min. köcheln lassen. Sie sollen gar, aber nicht zu weich werden. Die Knollen abgießen, etwas abkühlen lassen und vierteln.

2 | Butter in einem Topf erhitzen, die Roten Beten darin schwenken. Mit Salz und Pfeffer würzen. Orangensaft und Preiselbeerkompott dazugeben und etwas einkochen lassen. Passt gut zu Lamm oder Wild, z. B. statt der Kaffee-Pflaumen zum Wildgulasch (s. Rezept Seite 147), auch zu pikantem Käse.

KARAMELLISIERTE KAFFEE-SCHALOTTEN

Für 4 Personen

200 g Schalotten

1 EL Butter | 1 EL Zucker

50 ml Kaffee

150 ml kräftiger Rotwein

2 EL Portwein

2 Stängel Thymian

2 Lorbeerblätter

1–2 EL Aceto balsamico

Salz | Pfeffer

Zubereitungszeit: 25 Min.
Pro Portion ca. 90 kcal

1 | Schalotten schälen und längs in Spalten schneiden. Butter in einer Pfanne schmelzen und die Schalotten darin schwenken. Den Zucker darüber streuen und weiterbraten, bis die Zwiebeln goldgelb sind.

2 | Mit Kaffee, Rotwein, Portwein und 100 ml Wasser ablöschen. Thymian und Lorbeerblätter dazugeben und köcheln lassen, bis die Flüssigkeit verdampft und die Zwiebeln weich sind. Wenn die Zwiebeln zu viel Biss haben, noch einmal etwas Wasser dazugießen und einkochen lassen. Lorbeerblätter und Thymian entfernen. Mit Aceto balsamico, Salz und Pfeffer abschmecken.
Passen sehr gut warm als Beilage zu Rindersteak, Lamm oder Wild oder kalt zu Roastbeef.

Im Bild rechts: Rote Beten in Kaffee gegart;
links: Karamellisierte Kaffee-Schalotten

Offene Lasagne mit Sahne-Pilzen

Für 4 Personen

Für die Nudeln:

200 g Mehl, Type 405

2 Eier | 2 EL Olivenöl

Salz

Für die Pilze:

400 g gemischte Zuchtpilze

2 Frühlingszwiebeln

1 EL Butter

50 ml frischer Espresso

100 g Sahne

1 EL scharfe Kaffee-Essenz (s. Rezept Seite 153)

Salz

Zubereitungszeit: 40 Min.
Pro Portion ca. 325 kcal

1 | Aus Mehl, Eiern, Olivenöl und etwas Salz einen elastischen Nudelteig kneten. Mit der Nudelmaschine zu dünnen Lasagneblättern ausrollen. In etwa 10 cm große Quadrate schneiden.

2 | Die Pilze putzen, trocken abreiben, große Pilze halbieren oder vierteln. Die Frühlingszwiebeln waschen, putzen und die weißen Teile in etwa 10 cm lange Streifen, die grünen Teile in Ringe schneiden.

3 | Für die Nudeln einen großen Topf Salzwasser aufsetzen. Die Butter in einer Pfanne erhitzen, die weißen Zwiebelstreifen und die Pilze etwa 5 Min. anbraten. Mit dem Espresso ablöschen, Sahne dazugießen und weitere 5 Min. einkochen lassen. Mit Kaffee-Essenz und Salz abschmecken.

4 | Das kochende Wasser salzen, die Lasagneblätter darin 2–3 Min. garen. Abgießen, abtropfen lassen. Mit den Pilzen anrichten und mit den grünen Frühlingszwiebelringen bestreuen.

Tipp

Aus den Lasagneblättern lassen sich mit der Nudelmaschine ohne großen Aufwand Bandnudeln herstellen. Und wenn es schnell gehen muss, schmecken die Sahne-Pilze auch mit fertig gekauften Nudeln.

KAFFEENUDELN MIT ANANAS-MANGO-SAUCE

Für 4 Personen

Für die Nudeln:

250 g Mehl, Type 405

1 Ei (Größe M)

1 EL Öl

40 ml kalter Espresso

Salz

Mehl zum Bestäuben

Für die Sauce:

200 g Ananas (geputzt 150 g)

1 kleine Mango (Fruchtfleisch 150 g)

2 frische Feigen

1 kleine rote Chilischote

2 EL Rapsöl

50 ml trockener Weißwein

1 Spritzer Sojasauce

Zubereitungszeit: 1 Std. 30 Min.
Ruhezeit: 15 Min.
Pro Portion ca. 355 kcal

1 | Für die Nudeln das Mehl mit dem Ei und Öl verkneten. Nach und nach den Espresso zugeben und salzen. Zu einem elastischen Teig kneten. Den Teig 15 Min. ruhen lassen.

2 | Den Nudelteig in 4–5 Portionen teilen. Längliche Fladen daraus formen, mit Mehl bestäuben und mit der Nudelmaschine zu dünnen Teigplatten ausrollen, diese dann zu Bandnudeln verarbeiten.

3 | Für die Sauce Ananas und Mango schälen, putzen und klein würfeln. Die Feigen waschen und in dünne Spalten schneiden. Die Chilischote längs aufschlitzen, Stielansatz und Kerne entfernen. Die Schote in feine Ringe schneiden. Öl in einer Pfanne erhitzen Chili kurz darin anbraten, die Obststücke dazugeben und 2 Min. mitschmoren. Mit Wein ablöschen und mit Sojasauce abschmecken. Die Sauce warm halten.

4 | Die Nudeln in kochendem Salzwasser in 2–3 Min. bissfest garen, abgießen und abtropfen lassen. Die Pfanne wieder erhitzen und die Nudeln kurz darin schwenken. Auf Teller verteilen und mit der Sauce servieren.

135 __

MARINIERTER SEETEUFEL AUF TOMATENRISOTTO

Für 4 Personen

500 g Seeteufel

50 ml Kaffee

400 g Tomaten

1 Knoblauchzehe

1 Zwiebel

2 + 2 EL Olivenöl

Salz | Pfeffer

1/2 TL Zucker

200 g Risottoreis

1/4 l Weißwein

1/2 l Gemüsebrühe

1/2 Bund Basilikum

Zubereitungszeit: 50 Min.
Marinierzeit: 30 Min.
Pro Portion ca. 455 kcal

1 | Fisch gründlich abspülen und trockentupfen, in etwa 4 cm breite Streifen schneiden. In eine Schüssel geben und mit Kaffee übergießen. 30 Min. marinieren.

2 | Tomaten waschen und grob würfeln, dabei die Stielansätze entfernen. Knoblauch schälen und fein hacken. Zwiebel schälen, hacken und die Hälfte davon mit 1 EL Olivenöl in einer Pfanne anbraten. Tomaten dazugeben, mit Salz, Pfeffer und Zucker würzen und etwa 15 Min. ohne Deckel köcheln lassen.

3 | Restliche Zwiebel mit 1 EL Olivenöl in einem Topf goldgelb andünsten, Reis dazugeben und unter Rühren glasig werden lassen. Mit dem Weißwein ablöschen, nach und nach die Gemüsebrühe angießen und unter häufigem Rühren bei kleiner Hitze etwa 20 Min. quellen lassen. Die Tomaten untermischen.

4 | Den Fisch aus der Marinade nehmen, trockentupfen, salzen und pfeffern. Restliches Olivenöl in einer Pfanne erhitzen, die Fischstücke bei mittlerer Temperatur etwa 6 Min. von allen Seiten braten. Basilikum waschen, Blättchen abzupfen und in feine Streifen schneiden und unter das Risotto mischen. Fisch mit dem Risotto servieren.

GARNELEN MIT SAHNELINSEN

Für 4 Personen

150 g Beluga-Linsen
(ersatzweise Pui- oder andere kleine Linsen)

1 Stange Zimt

1 Lorbeerblatt

1 getrocknete Chilischote

Salz

1 mittelgroße Möhre

1/2 dünne Stange Lauch

12 große Garnelen

150 g Cocktailtomaten

1 EL Butter

50 ml Espresso

100 g Sahne

1–2 TL Aceto balsamico

Pfeffer

3 EL Olivenöl

1/2 TL grobes Meersalz

50 ml Weißwein

einige Stängel Schnittlauch

Zubereitungszeit: 40 Min.
Pro Portion ca. 370 kcal

1 | Linsen mit Zimt, Lorbeerblatt und Chilischote in Salzwasser bei niedriger Temperatur in etwa 15 Min. nicht zu weich kochen, dann abgießen und die Gewürze entfernen.

2 | Inzwischen die Möhre schälen, längs in Scheiben schneiden, diese in feine Streifen und dann in winzige Würfelchen schneiden. Lauch waschen, putzen, längs in feine Streifen schneiden, ebenfalls fein würfeln. Garnelen schälen, wenn nötig, den Rücken aufschneiden und den Darm entfernen. Die Garnelen abspülen und trockentupfen. Cocktailtomaten waschen.

3 | Butter in einer großen Pfanne erhitzen, Möhren und Lauchwürfel darin 1 Min. anbraten. Mit Espresso und Sahne ablöschen, 2–3 Min. köcheln lassen. Linsen unterrühren, mit Aceto balsamico, Salz und Pfeffer abschmecken und warm stellen.

4 | Das Olivenöl in einer Pfanne erhitzen, Garnelen bei mittlerer Hitze je nach Größe von jeder Seite 3–5 Min. braten, salzen und pfeffern und herausnehmen. Cocktailtomaten bei großer Hitze in der Pfanne 1–2 Min. anbraten, mit grobem Meersalz bestreuen und mit dem Weißwein ablöschen. Wenn die Haut der Tomaten platzt, die Pfanne vom Herd nehmen.

5 | Garnelen und Tomaten mit den Linsen anrichten, Pfeffer darüber mahlen und mit Schnittlauchstängeln garnieren.

LACHS AUF ANANAS-CHICORÉE

Für 4 Personen

3 Chicoréestauden

400 g Ananas (geputzt gewogen)

2 Orangen

30 + 30 g Butter

Salz | Pfeffer

600 g Lachsfilet ohne Haut

1–2 TL rosa Pfefferbeeren

50 ml Espresso

100 g Sahne

1 TL weißer Aceto balsamico

1 EL Portwein

Zubereitungszeit: 40 Min.
Pro Portion ca. 595 kcal

1 | Den Chicorée putzen, den bitteren Kern herausschneiden und die Stauden längs in Streifen schneiden. Ananas schälen, längs in Spalten und diese in Scheiben schneiden, dabei den harten Strunk in der Mitte entfernen. Die Orangen großzügig schälen und die weiße Haut entfernen. Die Fruchtfilets mit einem scharfen Messer zwischen den Häuten herausschneiden, dabei den Saft auffangen.

2 | 30 g Butter in der Pfanne erhitzen, Chicorée und Ananas darin 3 Min. braten, salzen und pfeffern. Herausnehmen und warm stellen. Den Lachs trockentupfen, eventuell vorhandene Gräten entfernen. Filet in 4 Portionsstücke teilen und salzen.

3 | Die restliche Butter in der Pfanne erhitzen und die Lachsstücke von beiden Seiten insgesamt 5–8 Min. braten. Den rosa Pfeffer mitbraten. Den Fisch warm halten.

4 | Den Bratensatz mit dem aufgefangenen Orangensaft, Espresso und Sahne ablöschen und etwa 5 Min. einkochen lassen. Mit Aceto balsamico, Portwein, Salz und Pfeffer abschmecken. Den Lachs mit Chicorée, Ananas, den Orangenfilets und der Sauce anrichten. Mit Weißbrot servieren.

POCHIERTE HÄHNCHENBRUST MIT KARDAMOMSAUCE

Für 4 Personen

400 ml Geflügelfond

4 Hähnchenbrustfilets

Salz | Pfeffer

Für die Sauce:

2 Schalotten

30 Kardamomkaspeln

3 EL Olivenöl

30 g Arabica-Kaffeebohnen

4 cl Kaffeelikör (z. B. Kahlua)

200 g Sahne

Zubereitungszeit: 40 Min.
Pro Portion ca. 800 kcal

1 | Geflügelfond in einem weiten Topf aufkochen. Hähnchenbrustfilets von Fett und Sehnen befreien, salzen, pfeffern und nebeneinander in den Fond legen. Hitze reduzieren und die Filets etwa 10 Min. sanft gar ziehen lassen. Der Fond darf nicht kochen. Die Hähnchenbrustfilets eventuell einmal umdrehen, wenn sie nicht vom Fond bedeckt sind.

2 | Inzwischen die Schalotten schälen und fein hacken. Die Kardamomkapseln mit der flachen Messerklinge leicht quetschen. Das Olivenöl in einer Pfanne erhitzen, Schalotten, Kaffeebohnen und Kardamom darin bei mittlerer Hitze etwa 5 Min. anbraten, ohne dass die Schalotten braun werden. Hähnchenbrustfilets aus dem Fond nehmen, in Folie packen und warm stellen.

3 | Die Kaffee-Schalotten mit Kaffeelikör und 300 ml vom Geflügelfond aufgießen, um die Hälfte einkochen lassen. Sahne dazugießen und noch einmal einkochen lassen. Die Sauce durch ein Sieb gießen.

4 | Das Hähnchenfleisch aufschneiden und mit der Sauce auf einer Platte anrichten. Mit Möhrengemüse servieren.

MÖHRENGEMÜSE

Für 4 Personen

500 g Möhren

1 EL Butter

1 TL Zucker

150 ml Geflügelbrühe

Salz

1 TL Harissa

1 Bund glatte Petersilie

Zubereitungszeit: 20 Min.
Pro Portion ca. 60 kcal

1 | Die Möhren schälen und in dünne Scheiben hobeln. Butter in einem Topf zerlassen, die Möhren darin schwenken. Mit dem Zucker bestreuen und bei hoher Hitze leicht karamellisieren lassen. Mit der Brühe aufgießen, salzen und Harissa dazugeben. Ohne Deckel köcheln lassen, bis die Flüssigkeit verdampft ist.

2 | Petersilie waschen, Blättchen grob zerschneiden, mit den Möhren mischen.

Hase im Crêpemantel

Für 4 Personen

1 EL Pflanzenöl

2 ausgelöste Hasenrückenfilets

2 TL grob gemahlener Pfeffer

Für den Crêpes-Teig:

125 g Mehl, Type 405

2 Eier | Salz

50 ml Kaffee

2 EL Pflanzenöl zum Ausbacken

Für die Geflügelfarce:

200 g Geflügelfleisch ohne Haut

200 g Sahne

Salz | Pfeffer

Für das Gemüse:

200 g Zuckerschoten

1/4 TL Zucker

20 g Butter

1 TL gehackte Minze

Für die Sauce:

1 Eigelb

50 ml Kaffee

30 g dunkle Schokolade

100 g Sahne

1/2 TL Tabasco

Salz | Zucker

1 TL grüner Pfeffer

Zubereitungszeit: 1 Std.
Pro Portion ca. 710 kcal

1 | Öl in der Pfanne erhitzen, Hasenfilets mit Pfeffer würzen und von allen Seiten kräftig anbraten. Sie sollen fast durchgebraten sein. Herausnehmen und abkühlen lassen.

2 | Für den Crêpes-Teig in einer Schüssel Mehl, Eier und Salz verrühren. Den Kaffee und 50 ml Wasser nach und nach dazugeben, bis ein flüssiger Teig entsteht. In einer großen Pfanne Öl erhitzen. Mit einer Kelle so viel Teig hineingießen, dass der Pfannenboden dünn bedeckt ist. Nacheinander 2 Crêpes backen und abkühlen lassen.

3 | Für die Farce das Geflügelfleisch und die Sahne mit etwas Salz und Pfeffer im Mixer fein pürieren. Frischhaltefolie auf der Arbeitsfläche ausbreiten, 1 Crêpe darauf legen und die Hälfte der Farce gleichmäßig darauf verstreichen. 1 Rückenfilet darauf legen und mit Hilfe der Folie in die Crêpe einrollen. Die Rollen in die Frischhaltefolie einrollen, die Enden umschlagen, dann in Alufolie einpacken und die Enden zudrehen. Mit dem zweiten Filet genauso verfahren. Die Rollen im Wasserbad bei 75° etwa 17 Min. ziehen lassen.

4 | Inzwischen einen Topf mit Wasser aufsetzen. Die Zuckerschoten putzen. Das Wasser salzen und den Zucker zufügen. Die Zuckerschoten darin 5 Min. blanchieren. Abgießen, die Butter erhitzen und die Schoten darin schwenken. Mit gehackter Minze bestreuen.

5 | Für die Sauce Eigelb und Kaffee in einem Topf mit dem Schneebesen schaumig schlagen. Leicht erwärmen und die Schokolade darin auflösen. Sahne und Tabasco zugießen und erwärmen. Mit Salz und Zucker abschmecken. Grünen Pfeffer in die Sauce rühren und die Sauce warm halten, aber nicht kochen lassen.

6 | Die Fleischröllchen aus der Folie wickeln und schräg in 8 gleich große Stücke schneiden. Je 2 Fleischstücke mit der Schnittseite nach oben auf Teller geben und die Espresso-Sauce angießen. Mit den Zuckerschoten servieren.

WILDGULASCH MIT KAFFEE-PFLAUMEN

Für 4 Personen

100 g weiche Backpflaumen ohne Kerne

1 TL Zucker

50 + 50 ml frisch gebrühter Kaffee

200 ml Rotwein

2 Lorbeerblätter

5 Wacholderbeeren

5 Nelken

750 g Wildgulasch

4 mittelgroße Zwiebeln

Salz | Pfeffer

2 EL Pflanzenöl

300 ml Fleischfond

1–2 EL Tomatenmark

100 g Sahne

Für die Polenta:

1,2 l Gemüsebrühe

200 g Maisgrieß

50 g Butter

Zubereitungszeit: 40 Min.
Marinierzeit: 1 Std.
Garzeit: 1 1/2 Std.
Pro Portion ca. 780 kcal

1 | Die Backpflaumen mit Zucker in 50 ml heißem Kaffee 2 Std. einweichen. 50 ml Kaffee mit dem Rotwein, Lorbeerblättern und den leicht zerdrückten Wacholderbeeren und den Nelken mischen. Das Wildfleisch darin 1 Std. einlegen. Die Zwiebeln schälen und grob würfeln.

2 | Das Fleisch aus der Marinade nehmen, trockentupfen, salzen und pfeffern. Öl in einem Bratentopf erhitzen, das Fleisch und die Zwiebeln darin portionsweise kräftig anbraten. Mit der Marinade und dem Fond aufgießen. 1 1/2 Std. bei niedriger Hitze schmoren lassen. Tomatenmark und Sahne einrühren, mit Salz und Pfeffer abschmecken.

3 | Inzwischen für die Polenta die Gemüsebrühe erhitzen und den Maisgrieß langsam einrühren. Die Hitze reduzieren und etwa 40 Min. köcheln lassen. Dabei ab und zu mit einem Holzlöffel umrühren. Es soll ein fester Brei werden. Wenn er zu fest wird, etwas Wasser dazugeben.

4 | In der Zwischenzeit die Backpflaumen in einem Topf erwärmen und etwas einkochen. Die Butter unter die Polenta ziehen. Das Fleisch mit Polenta und Backpflaumen servieren.

SCHWEINEFILET MIT KAFFEE-MORCHELN

Für 4 Personen

30 g getrocknete Morcheln

2 Schalotten

500 g Schweinefilet

30 + 30 g Butter

100 ml Geflügelfond

100 ml Espresso | 200 g Sahne

1 TL Zitronensaft

50 ml Noilly Prat (ersatzweise trockener Sherry)

20 ml Cognac

Salz | Pfeffer

Butter zum Braten

Zubereitungszeit: 40 Min.
Einweichzeit: 1 Std.
Pro Portion ca. 615 kcal

1 | Die Morcheln in 200 ml warmem Wasser 1 Std. einweichen. Die Schalotten schälen, fein würfeln. Morcheln aus dem Wasser nehmen. Große Exemplare längs halbieren oder vierteln. Die Stiele abschneiden. Morcheln gut ausdrücken. Das Einweichwasser durch ein feines Sieb gießen und beiseite stellen. Backofen auf 80° vorheizen.

2 | Das Schweinefilet in 4 möglichst gleich große Stücke schneiden. In einer Pfanne 30 g Butter zerlassen. Bei mittlerer Hitze die Fleischstücke von allen Seiten gleichmäßig anbraten. Nach 8–10 Min. das Fleisch auf eine Platte legen. Im vorgeheizten Backofen 15 Min. nachgaren lassen.

3 | 30 g Butter in der Pfanne erhitzen, Morcheln und Schalotten darin anbraten, bis die Schalotten goldgelb sind. Mit Fond und Espresso ablöschen. Ein Drittel der Sahnemenge und des Einweichwassers zugießen und bei großer Hitze einkochen lassen. Nach und nach restliche Sahne und Einweichwasser angießen. Die Sauce um etwa ein Drittel einkochen lassen, bis sie sämig wird. Mit Zitronensaft, Noilly Prat und Cognac würzen, mit Salz und Pfeffer abschmecken. Dazu passt ein Kartoffelgratin.

KARTOFFELGRATIN

Für 4 Personen

500 g Kartoffeln

1 kleine Knoblauchzehe

20 g weiche Butter

1 Msp. geriebene Muskatnuss

Salz

Pfeffer

100 ml Milch

100 g Sahne

Zubereitungszeit: 15 Min.
Backzeit: 40 Min.
Pro Portion ca. 210 kcal

1 | Kartoffeln schälen, waschen und in dünne Scheiben hobeln. Knoblauchzehe schälen und eine Gratinform damit ausreiben und mit der Butter ausstreichen. Den Backofen auf 200° vorheizen.

2 | Die Kartoffelscheiben in die Form schichten. Mit Muskat, Salz und Pfeffer würzen. Milch und Sahne verrühren und dazugießen, die Kartoffeln sollen knapp bedeckt sein. Das Gratin im vorgeheizten Backofen (mittlere Schiene, Umluft 180°) in etwa 40 Min. goldbraun backen.

COUSCOUS MIT ENTENBRUST

Für 4 Personen

2 Entenbrustfilets mit Haut (ca. 700 g)

1 kleine rote Chilischote

4 EL Sojasauce

100 ml Espresso

2 Sternanis

1 Stange Zimt

1 TL Akazienhonig

250 g blaue Pflaumen

Für den Couscous:

400 ml Geflügelfond

Salz

100 g Erbsen (TK)

250 g Instant-Couscous

50 g Rosinen

1 Granatapfel (ersatzweise 100 g gewürfelte Aprikosen oder Pflaumen)

50 g Mandelstifte

3 EL Olivenöl

Zubereitungszeit: 50 Min.
Marinierzeit: 30 Min.
Pro Portion ca. 910 kcal

1 | Die Haut der Entenbrüste rautenförmig einschneiden, ohne das Fleisch zu verletzen. Die Chilischote aufschlitzen, Kerne entfernen, Schote in feine Streifen schneiden. Aus Sojasauce, Espresso, Sternanis, Zimt, Chili und Honig eine Marinade rühren. Entenbrust darin 30 Min. einlegen, nach der Hälfte der Zeit wenden. Die Pflaumen waschen, halbieren, Kerne entfernen und die Pflaumen in Spalten schneiden.

2 | Entenbrust herausnehmen und trockentupfen. Mit der Haut nach unten in eine kalte Pfanne legen und erhitzen. Etwa 5–8 Min. bei mittlerer Hitze braten, bis die Haut braun und knusprig und das Fett ausgebraten ist. Das Fleisch umdrehen und von der anderen Seite gut anbraten. Das Fett zum großen Teil abgießen und die Hälfte der Marinade mit den Gewürzen in die Pfanne gießen. Die Entenbrust darin bei niedriger Hitze ohne Deckel weitere 15 Min. simmern lassen. Die Pflaumen und nach und nach die restliche Marinade dazugeben. Bei Bedarf zusätzlich etwas Geflügelbrühe oder kochendes Wasser angießen.

3 | Für den Couscous den Geflügelfond nach Belieben salzen und mit den Erbsen aufkochen, vom Herd nehmen und Couscous und Rosinen einrühren. Zugedeckt quellen lassen. Granatapfel quer halbieren, die Hälften auseinander brechen und die Kerne herauslösen. Dabei die weißen Häute entfernen. Couscous mit der Gabel auflockern, Granatapfelkerne, Mandelstifte und das Olivenöl untermischen. Bei niedriger Temperatur unter Rühren erwärmen.

4 | Die Entenbrust und Pflaumen aus der Pfanne nehmen und warm stellen, den Bratfond durch ein Sieb gießen und eventuell mit etwas Honig abschmecken. Wenn er zu konzentriert ist, mit Geflügelbrühe ergänzen und noch einmal aufkochen.

5 | Die Entenbrust dünn aufschneiden und mit den Pflaumen und dem Couscous anrichten. Die Sauce dazureichen.

GRUNDREZEPTE

PROFITEROLES

Für 20 Stück

100 g Butter

1 TL Zucker

1 Prise Salz

150 g Mehl, Type 405

3 Eier

Backpapier für das Blech

Zubereitungszeit: 40 Min.
Backzeit: 25 Min.
Pro Stück ca. 75 kcal

1 | Die Butter mit 1/8 l Wasser, Zucker und Salz in einem Topf zum Kochen bringen. Den Topf vom Herd nehmen und das Mehl einrühren. Wieder auf den Herd stellen und so lange rühren, bis sich der Teig als Kloß vom Topfboden löst. Den Topf vom Herd nehmen und den Teig etwas abkühlen lassen. Den Backofen auf 200° (Umluft 180°) vorheizen.

2 | Die Eier aufschlagen und mit einem Holzlöffel nacheinander unter den Teig rühren. So lange rühren, bis ein weicher Teig entstanden ist.

3 | Backblech mit Backpapier auslegen. Mit zwei Teelöffeln kleine Teighäufchen abstechen und auf das Blech setzen.. Dabei auf genügend Abstand achten, da der Teig stark aufgeht.

4 | Im Ofen (mittlere Schiene) in 25 Min. goldbraun backen, im ausgeschalteten Backofen 5 Min. ruhen lassen. Dabei darauf achten, dass das Gebäck nicht zu dunkel wird. Herausnehmen, noch warm halbieren und abkühlen lassen. Mit einer der Füllungen von Seite 78 füllen.

TORTILLAS

Für 4 Tortillas

150 g Mehl

1/2 TL Backpulver

50 g Pflanzenöl

1 TL Zitronensaft

80 g Joghurt

1/2 TL Salz

Mehl für die Arbeitsfläche

Zubereitungszeit: 30 Min.
Ruhezeit: 1 Std. 30 Min.
Pro Portion ca. 245 kcal

1 | Mehl, Backpulver, Öl, Zitronensaft, Joghurt und Salz zu einem Teig verkneten. Den Teig in 4 Portionen teilen. Jede Portion auf einer bemehlten Arbeitsfläche zu einem Fladen von 20–25 cm Durchmesser ausrollen.

2 | Eine große schwere Pfanne erhitzen und die Tortillas darin einzeln von jeder Seite 1–2 Min. bei mittlerer Hitze goldbraun backen. Herausnehmen und zwischen feuchte Tücher legen, damit sie weich werden. Nach Geschmack mit den Füllungen auf Seite 113 füllen und zu Wraps rollen.

BAGELS

Für 8 Stück

1/4 l Milch

50 g Butter

3 TL Zucker

1/2 TL Salz

15 g frische Hefe oder 1 1/2 TL Trockenhefe

400 g Weizenmehl, Type 550

1 Ei

Mohn, Sesamsamen, Kürbiskerne, grobes Meersalz zum Bestreuen

Zubereitungszeit: 45 Min.
Ruhezeit: 1 Std. 30 Min.
Backzeit: 25 Min.
Pro Portion: 250 kcal

1 | Die Milch erwärmen, vom Herd nehmen. Mit Butter, Zucker und Salz gut verrühren. Lauwarm abkühlen lassen, die Hefe darin auflösen. 10 Min. stehen lassen, bis die Masse Blasen wirft.

2 | Das Ei trennen. Eiweiß in die Milchmischung rühren, dann langsam das Mehl einarbeiten. Zu einem weichen Teig vermischen. Auf einer bemehlten Arbeitsfläche zu einem glatten, geschmeidigen Teig kneten. Eine Kugel daraus formen und an einem warmen Ort zugedeckt 1 Std. gehen lassen.

3 | Den Teig in 8 gleich große Stücke teilen. Zu ungefähr 20 cm langen, fingerdicken Strängen ausrollen. Die Teigrollen zu Ringen formen und die Enden zusammendrücken. Auf der bemehlten Arbeitsfläche etwa 20 Min. gehen lassen. Den Backofen auf 200° (Umluft 180°) vorheizen.

4 | Wasser in einem großen Topf aufkochen und die Bagels von jeder Seite 30 Sek. im sprudelnd kochenden Wasser ziehen lassen. Mit einer Schaumkelle herausheben und auf einem Tuch abtropfen lassen.

5 | Die Bagels auf ein mit Backpapier belegtes Backblech setzen. Das Eigelb mit 1 TL Wasser vermischen und die Teigstücke damit bestreichen. Dann nach Geschmack mit Mohn, Sesam, Kürbiskernen oder Meersalz bestreuen. Im vorgeheizten Backofen (mittlere Schiene) in 20–25 Min. hellbraun backen.

6 | Zum Belegen werden die Bagels waagerecht aufgeschnitten. Bei der Wahl des Belages sind der Fantasie keine Grenzen gesetzt (s. auch Seite 114).

SCHARFE KAFFEE-ESSENZ

200 ml starker Espresso

2 EL Zucker

1 Stück unbehandelte Orangenschale (ca. 5 cm)

1 kleine rote Chilischote

2 EL Aceto balsamico

Alle Zutaten in einem weiten Topf oder einer Pfanne aufkochen und zu Sirup einkochen lassen. Durch ein Sieb in eine kleine Flasche füllen.

KAFFEESIRUP

200 ml Espresso

60 g Zucker

Zucker in einer Pfanne goldgelb karamellisieren lassen. Mit dem Espresso ablöschen (Achtung, kann spritzen!). Bei starker Hitze auf ein Drittel einkochen lassen. In eine kleine Flasche füllen.

Würzige Varianten

Nach Geschmack können Sie eine Zimtstange, Koriandersamen, zerdrückte Kardamomkapseln oder eine aufgeschlitzte Vanilleschote mitkochen und den Sirup damit aromatisieren.

VOM DERWISCH-TRANK ZUM COFFEESHOP

Den ersten Kaffee brachten die Sufis, eine religiöse Gemeinschaft der arabischen Derwische, nach Mekka. In der Islam-Hochburg entstanden 1511 die ersten Kaffeehäuser. Dort wurde aber nicht nur Kaffee genossen, man gab sich dort auch den Freuden der Musik hin, spielte Schach und erfreute sich am Klatsch.

1554 wird in Konstantinopel das erste Kaffeehaus eröffnet, nachdem die Türken Ägypten erobert hatten und den Kaffee mit in ihre Heimat brachten. Der Kaffeegenuss breitete sich in den Ländern des Morgenlandes aus – überall dort, wo der Wein öffentlich verboten war. Das liest sich aus der »Schatzkammer rarer und neuer Kuriositäten« von 1686 so: »Die Persianer schlucken heutigen Tages ebensoviel Coffee auf wie die Türken selber. Im berühmten Coffee-Haus von Ispahan sitzen die Geschichtenerzähler und Poeten auf erhobenem Stuhl, von dem sie ihre Rede machen und satirische Geschichten erzählen, und während dieser Zeit mit einem kleinen Stöcklein spielen und ihre Phantasie haben.«

Im gesamten arabischen Raum hatten die Kaffeehäuser auch deshalb einen ungeheuren Zulauf, weil es nichts Vergleichbares gab. Erstmals konnte für wenig Geld eine Erfrischung genossen werden – und dazu noch in fröhlicher Runde Gleichgesinnter.

»Oh, Ihr Menschen mit gesundem Verstand, trinkt den Kaffee und bekümmert euch nicht um die Verleumder, die ihn durch freche Lügen schmähen. Trinkt ihn, genießt ihn reichlich, denn in seinem Duft verfliegen die Sorgen, und in seinem Feuer verbrennen die trüben Gedanken des Alltags!« So jubelte einst Kadi Hadjbun aus Medina und viele Millionen Kaffeefreunde auf der ganzen Welt folgten seinem weisen Rat.

Die ersten Kaffeehäuser in Europa öffneten in der damals größten Handelsmetropole Venedig. Das berühmteste von ihnen, das Caffè Florian wurde 1720 von Floriano Francesconi gegründet. Es besteht heute noch, ist touristischer Magnet der Stadt und direkt am Markusplatz gelegen. Der Besuch ist wie eine Zeitreise in die Vergangenheit.

Im Abendland glaubten die ersten Kaffeegenießer bisweilen, mit dem schwarzen Trank auch Kleidung und Angewohnheiten der arabischen und türkischen Welt übernehmen zu müssen. Der erste Kaffeewirt Wiens empfing 1683 seine Gäste stets im türkischen Gewand. Orientalisch herausgeputzte Kaffee-Kellner bildeten eine romantische Kulisse bei Hofe und gesellschaftlichen Ereignissen. Die Mätresse und Beraterin des Französen-

königs Louis XV., Madame Pompadour, liebte es, ihren Kaffee in stilechter arabischer Atmosphäre zu genießen. Seidenkissen, arabisch-türkisches Kaffeegeschirr und eine aparte Nubierin, die das wohlduftende Getränk servierte, bildeten den entsprechenden Rahmen.

Doch nicht nur bei Hofe verfiel man dem Kaffeerausch: Der Siegeszug der Kaffeehäuser ging in Europa unvermindert weiter. Denn die neuartigen Getränke Kaffee, Tee und Kakao veränderten Sitten und Gebräuche – sie kamen einer Kulturrevolution gleich. Was alle Warnungen und Strafen nicht vermochten, schaffte der Kaffee. Anfang des 19. Jahrhunderts stellte der um natürliche Heilmittel bemühte Arzt Ossiander fest, dass »zu den vornehmlichsten Gegenmitteln gegen Trunksucht die Gewöhnung an Kaffee gehöre«.

In England eröffneten um 1650 in London die ersten Kaffeehäuser. Das berühmteste wurde das Haus von Edward Lloyd in der Londoner Lombard Street, das heute noch existiert. Als besonderen Service gab Lloyd jede Woche eine Liste mit den aktuellen Schiffsuntergängen, die damals weit häufiger als heute vorkamen, heraus. Die damals aufstrebende Schiffsmacht England schickte ihre Handelsflotte in die ganze Welt hinaus. Finanziert wurde das von englischen Bürgern, die sich vormittags in diesem Kaffeehaus trafen, um zu erfahren, wie es um ihre schwimmenden Geldanlagen bestellt war. Nach einer Schreckensnachricht erholten sich die Geschädigten dann gerne bei einem Tässchen des schwarzen Gebräus. Aus dieser »Lloyds List« entstand einer der größten Versicherer der Welt, der noch heute besteht.

Mit dem expandierenden Welthandel der Briten kam der Kaffee auch nach Nordamerika. Um 1670 wurden die ersten Kaffeehäuser an der Ostküste eröffnet. Die späteren USA entwickelten sich zum größten Kaffeemarkt der Welt. Dazu brauchten sie ein paar Jahrhunderte. Vor etwa 25 Jahren hatte der ehemalige Büromaschinenhändler Howard Schultz beim Genuss einer Tasse Espresso in einem Mailänder Caffé eine Idee: »Ein perfektes Getränk und niemand bei uns kennt es!« Zurück über den großen Teich kaufte er in Kanada eine nicht sehr erfolgreiche Bar-Kette namens Starbucks. Und der Rest der Erfolgsstory ist allgemein bekannt. Heute gibt es 4000 Starbucks Coffeeshops. Durch sie wurde die Idee des Coffeeshops weltweit populär. Selbst in Asien, traditionell ein Kontinent der Teetrinker, hält der Siegeszug der kleinen Geschäfte an.

GLOSSAR

Alkohol und Kaffee

Es ist eine Legende, dass Kaffee nach dem Genuss von Alkohol den Blutalkoholspiegel senkt. Kaffee vertreibt nur die alkoholbedingte Ermüdung und das auch nur für kurze Zeit.

Americano

ist ein mit heißem Wasser auf die doppelte Menge verlängerter Espresso. Der Ersatz für den klassischen Filterkaffee.

Arabica

Qualitativ hochwertige Kaffeepflanze, die meist in Höhen zwischen 600 und 1200 m angebaut wird. Sie enthält mehr Aromastoffe und weniger Säuren und Koffein als Robusta.

Aromatisierter Kaffee

Aromastoffe werden entweder mitgeröstet oder nach dem Rösten auf die noch warmen Bohnen gesprüht. Die beliebtesten Geschmacksrichtungen sind Karamell, Vanille, Haselnuss und Amaretto. Außerdem gibt es die Möglichkeit, beispielsweise mit Sirupsorten dem fertigen Kaffee ein zusätzliches Aroma zu geben.

Aufbewahren

Vakuumverpackter, gemahlener Kaffee hält sich bis zu einem Jahr, da das Aroma nicht entweichen kann. Ist die Packung einmal geöffnet, muss sie innerhalb von 20 Tagen verbraucht werden. Tipp: am besten im Kühlschrank in einem luftdichten Gefäß aufbewahren.

Barista

Bezeichnung für den Barmitarbeiter, der sämtliche Espressogetränke zubereitet und an der Espressomaschine zu Hause ist – ein Sommelier des Kaffees.

Blue Mountain

ist eine der besten und teuersten Kaffeesorten der Welt. Sie wird in den Blue-Mountain-Bergen von Jamaika in über 2000 m Höhe angebaut.

Café con leche

Spanischer oder portugiesischer, kräftig gerösteter Kaffee mit Zucker, der mit warmer Milch serviert wird.

Café cortado

Kleiner starker Kaffee oder Espresso in einer Espressotasse oder im kleinem Glas mit gesüßter Kondensmilch und etwas Milch aufgefüllt.

Caffè

heißt in Italien ein normaler Espresso.

Café Frappé

Starker Kaffee mit Eiscreme im Mixer gemischt.

Crema

Die dichte, etwa 3 mm dicke »Schaumschicht«, die nur entsteht, wenn der Espresso richtig zubereitet wurde – für viele Genießer ist sie das »Gesicht« des Espresso.

Entkoffeinieren

Dabei wird den grünen Kaffeebohnen durch Wasser, Wasserdampf und geeignete Lösungsmittel das Koffein entzogen. Lösungsmittelreste werden mit Wasserdampf entfernt. Danach werden die Bohnen getrocknet und geröstet.

Estate Coffee

Bezeichnung für Kaffee aus einer kleinen, speziellen Anbauregion innerhalb eines Landes.

Filtertüte

wurde von Melitta Benz erfunden, dabei verwendete sie Löschpapier aus dem Schulheft ihres Kindes. Die Filtertüte setzte sich schnell durch, bedeutete sie doch das Ende des Kaffeesatzes in Kanne und Tasse.

French-Press-Kanne

In eine Glaskolbenkanne, auch Presskanne genannt, wird das Kaffeepulver direkt eingefüllt und mit heißem Wasser aufgegossen. Nach 3–4 Min. wird der Kaffeesatz mit Hilfe eines Stempelsiebs heruntergedrückt.

Granita de Caffè

Gesüßter Espresso wird gefroren und dann zerstoßen in einem Parfait-Glas mit geschlagener Sahne serviert.

High Grown Kaffee

Bezeichnung für Kaffee, der in Höhenlagen über 600 m angebaut wurde.

Hochlandkaffee

Besonders hochwertige Kaffeesorten aus Arabica-Bohnen, die in tropischen Höhenlagen bis 2000 m Höhe angebaut werden. Mit harmonischem Aroma, eleganter Säure und feinem Geschmack. Siehe auch SHB.

Iced Espresso

ist ein doppelter Espresso, der über grob gestoßenes Eis gefüllt wird.

GLOSSAR

ICO

»International Coffee Organisation« ist ein Zusammenschluss der Länder, die Kaffee produzieren und verbrauchen. Die Mitgliedsländer verantworten 95 Prozent der Weltkaffeeproduktion. Unter www.ico.org. kann man alles Wissenswerte über den Kaffeehandel erfahren. Dort werden auch die aktuellen Weltmarktpreise der internationalen Kaffeebörsen notiert.

Inhaltsstoffe

Kaffeebohnen bestehen aus 30–40 Prozent Kohlenhydraten, etwa 10 Prozent Fetten und Ölen, 11 Prozent Eiweiß, 4 Prozent Mineralstoffen, 10–13 Prozent Wasser, 0,8–2,5 Prozent Alkaloiden und nur etwa 0,1 Prozent flüchtigen Aromastoffen, die den charakteristischen Kaffeegeschmack erzeugen. Der größte Teil dieser Stoffe, die das Aroma bestimmen, sind noch unbekannt.

Irish Coffee

3–4 EL irischer Wiskey und 2 TL brauner Zucker in einem feuerfesten Glas über einer Flamme drehend erhitzen. Mit frisch gebrühtem Filterkaffee aufgießen und mit cremig geschlagener Sahne krönen.

Kaffeeernte

Auf einem Hektar werden im Durchschnitt 550 Kilogramm Kaffee pro Jahr geerntet. Ein Arabica-Baum liefert etwa 1 Kilo. Die Erträge in den einzelnen Anbauländern und -regionen sind allerdings extrem unterschiedlich – in Costa Rica bringt es jeder Hektar auf 1600 Kilo, in Angola auf nur 100 Kilo Kaffeebohnen.

Kaffeebrennzwang

1780 machte sich Friedrich der Große zum obersten Kaffeeröster seines Reiches. Es wurde nur noch königlichen Röstereien gestattet, Kaffee zu rösten, denn dem König war der Kaffeerausch seiner Untertanen schlicht zu teuer. Der Kaffeeimport kostete Devisen und so wollte er mit dieser Maßnahme den Kaffeekonsum steuern. Nach seinem Tod wurde der Brennzwang aufgehoben

Kaffee-Ersatz

war bis in die fünfziger Jahre des vergangenen Jahrhunderts stark verbreitet, z. B. verwendete man die geröstete Zichorienwurzel oder gemälztes Getreide, wodurch die Bezeichnung Malzkaffee entstand. In den Mangeljahren des letzten Weltkrieges wurden alle möglichen Pflanzen zu Kaffee-Ersatz verarbeitet. Mit Kaffee-Ersatzstoffen wurde Bohnenkaffee auch verlängert. In Frankreich wird dem Kaffee häufig auch heute noch bei der Zubereitung eine kleine Menge Zichorienextrakt zugesetzt.

Kaffee-Steuer

In Deutschland wird auf Kaffee eine zusätzliche Verbrauchssteuer von z. Zt. 2,19 Euro pro Kilogramm Röstkaffee erhoben. Das macht bei den niedrigen Kaffeepreisen einen nicht unerheblichen Teil des Kaffeepreises aus.

Koffein

Die Arabica-Sorten enthalten etwa 50 mg Koffein pro Tasse, die Robusta-Sorten bis zu 140 mg. Koffein regt den Stoffwechsel und die Atmung an, das Herz schlägt schneller und der Blutdruck steigt. Wer also an hohem Blutdruck leidet, sollte sich für koffeinfreien Kaffee entscheiden.

Kona-Kaffee

Besonders hochwertiger, sehr begehrter Kaffee, der auf Vulkanhängen auf Hawaii wächst (s. auch Hawaii Seite 162).

Kopi Luwak

Diese besondere Spezialität Indonesiens wird von dem kleinen Beuteltier Luwak (Paradoxurus) produziert. Die Luwaks fressen wild wachsende Kaffeekirschen und scheiden die Bohnen unverdaut wieder aus. Seit einiger Zeit werden die Bohnen gesammelt, aufbereitet und exportiert. Was nachdenklich stimmt, sind die erstaunlichen Mengen, die angeboten werden. Die Bohnen sind sehr begehrt und werden teuer gehandelt. Durch die spezielle Fermentation im Tiermagen schmeckt der Kaffee mild und wenig bitter.

Liberica

liefert eine große Bohne, die an sehr hohen Bäumen wächst. Wird nur in Malaysia und Westafrika angebaut.

Löslicher Kaffee

Die gerösteten Bohnen werden gemahlen, dann wird daraus ein Extrakt bereitet, der dickflüssig eingedampft wird. Der Kaffee-Extrakt wird durch Gefriertrocknung oder Sprühtrocknung zu Pulver verarbeitet. Löslicher Kaffee hat in Deutschland einen Marktanteil von etwa 10 Prozent, in Großbritannien sind es 90 Prozent vom Gesamt-Kaffeekonsum.

Malzkaffee

Kaffee-Ersatz aus Gerste. Eingeweichte Gerste wird zum Keimen gebracht, dabei verwandelt sich Stärke in Malzzucker. Dann wird sie geröstet. Dabei karamellisiert der Malzzucker und es entwickelt sich Farbe und Aroma. Die Weiterverarbeitung ist dann dem löslichen Kaffee sehr ähnlich (s. oben).

Maragogype

sind Riesen- oder Elefantenbohnen – eine Kreuzung aus Arabica und Liberica-Sorten. Vor hundert Jahren sehr beliebt, wird sie heute nur noch in Nigeria, im Kongo, in Brasilien und Mittelamerika angebaut (s. auch Seite 17).

Milds

sind nass aufbereitete Bohnen, die hauptsächlich für Mischungen verwendet werden.

Mischung

Kaffee besteht ganz selten nur aus einer Sorte. Die handelsüblichen Kaffees sind aus bis zu 12 Sorten gemischt. Die Mischung der Sorten erfolgt nur mit gerösteten Bohnen, da jede Sorte für sich unterschiedliche Röstzeiten hat. Gute Kaffee-Einzelhändler stellen für ihr Geschäft eigene Mischungen zusammen, die nach ihren Vorgaben geröstet und gemischt werden.

Mokka

So heißen alle Kaffees aus dem Jemen und Äthiopien – nach der Hafenstadt Al Mukah am Roten Meer, die als Verladehafen für Kaffee berühmt wurde. Mokka war einst der Inbegriff für einen guten wohlschmeckenden Kaffee – heute wird ein kleiner, starker Kaffee so bezeichnet, der als Aufguss oder nach der arabischen Methode in der Ibrik-Kanne zubereitet wird.

Monsooning

ist eine speziell in Indien angewandte Aufbereitungsart des Kaffees. Während der Monsunzeit werden die Kaffeebohnen in Säcken im Freien gelagert und dem Monsunregen und Monsunwinden für sieben Wochen ausgesetzt. Damit wird ein Prozess nachvollzogen, dem die Kaffeebohnen ausgesetzt waren, als sie noch per Segelschiff transportiert und von der feuchten Meeresbrise umweht wurden.

Muckefuck

Die Bezeichnung Muckefuck ist eine Ableitung des französischen Begriffs »Mocca faux« (falscher Mokka) für Kaffee aus Zichorienwurzeln.

Oxidation

Nach dem Mahlen beginnt Kaffee sofort zu oxidieren, das heißt, bestimmte Inhaltsstoffe reagieren mit dem Sauerstoff der Luft. Dabei verliert er Aroma. Eine gute Aufbewahrung kann diesen Prozess reduzieren und verlangsamen, aber nicht stoppen.

Pacamara

ist eine Kreuzung zwischen den Arabica-Sorten Maras und Maragogype.

Perlbohne

Wenn sich in einer Kaffeekirsche anstatt zwei gegenüberliegende Kaffeebohnen nur eine runde Kaffeebohne befindet, wird sie Perlbohne oder Peaberry genannt.

Robusta

ist schnellwüchsiger, ertragreicher und widerstandsfähiger als Arabica. Sie wird in niedrigen Lagen angebaut. Sie hat weniger Aroma als die Arabica, enthält aber mehr Säure und mehr Koffein.

Rohkaffeegürtel

Zwischen dem 25. Breitengrad im Norden und Süden des Äquators liegt die Zone, in der Kaffee am vorteilhaftesten gedeiht. Außerdem sind Bodenbeschaffenheit, Höhenlage, Klima und Niederschlagsmenge ausschlaggebend für einen erfolgreichen Kaffeeanbau.

Rösten

dauert zwischen 8 und 15 Minuten bei einer Temperatur zwischen 200° und 260°, die richtige Wahl der Röstdauer für die bestimmte Sorte ist die Kunst des Kaffeerösters. Nach dem Rösten werden die Bohnen abgekühlt. In den großen Kaffeeröstereien wird der Kaffee sofort vollautomatisch abgepackt. Die luftdichte Verpackung schützt vor Feuchtigkeit und Aromaverlust. Je nach Röstdauer werden die Kaffees als helle, mittlere, oder dunkle Röstung bezeichnet. Zu starke Röstung nimmt der Bohne ihren ursprünglichen Charakter und gilt als qualitätsmindernd.

Röstgrade

Helle Röstung: blasse oder Zimt-Röstung
Mittlere Röstung: amerikanische Röstung
Starke Röstung: helle französische Röstung, Wiener Röstung
Doppelte Röstung: Continental-Röstung oder französische Röstung

GLOSSAR/LITERATUR

Italienische Röstung: Espresso-Röstung

Sack

ist das international übliche Maß allen Kaffees. Es gibt Standardsäcke zu 45 und 60 Kilogramm Gewicht, nur Kolumbien macht eine Ausnahme und verwendet 70-Kilo-Säcke.

SHB

(strictly hard beans) – eine Auszeichnung für Kaffee, der aus Höhenlagen über 1500 m stammt. Da auch in den Tropen die Höhenlagen kühler und niederschlagsreicher sind, wächst die Kaffeepflanze dort wesentlich langsamer. Die Bohnen entwickeln dadurch komplexere Aromen (siehe auch Hochlandkaffee).

Siebträger

ist der Filterträger der Espressomaschine, in den das Espressopulver eingefüllt wird.

Supremo

ist die olumbianische Handelsbezeichnung für große Bohnen.

Swiss Water Coffee

eine chemiefreie Methode, um Rohkaffee zu entkoffeinieren.

torrefacto

(spanisch für geröstet) Röstung unter Zuckerbeigabe. Das reduziert Säure und Bitterkeit. Der so geröstete Kaffee wird konventionell geröstetem Kaffee beigemischt. Die Mischung heißt mezcla.

Vienna Roast

Siehe Wiener Mischung.

Wiener Mischung

besteht vorwiegend aus Arabica-Sorten. Sie werden heller als Espressobohnen, aber dunkler als für normalen Filterkaffee geröstet.

Wildkaffee

Wild wachsender Arabica aus Äthiopien ist eine Rarität und darum auch teurer als Plantagenkaffee. Sein Geschmack ist fein und blumig, nur schwach bitter mit milder Säure.

Stewart Lee Allan: Ein teuflisches Zeug. Auf abenteuerlicher Reise durch die Geschichte des Kaffees. Campus Verlag, 2003

Noel Riley Fitch: Die literarischen Cafés von Paris, Arche Verlag, 2003

Ulla Heise: Kaffee und Kaffeehaus. Eine Geschichte des Kaffees, Insel Verlag, 2002 Eine sehr detailreiche Geschichte des Kaffees und der Kaffeehäuser.

Franz Hubmann: Cafe Hawelka, Brandstätter Verlag, 2001

Thomas Leeb, Ingo Rogalla: Kaffee, Espresso & Barista. Tom Tom Verlag, 2003 Ein umfassendes Handbuch über Bohnen, Sorten, Lagerung und Zubereitung von Kaffee, das keine Fragen offen lässt. Für Profis ebenso geeignet wie für interessierte Kaffeeliebhaber.

Marlies Lehmann-Brune: Die Story von Lloyd's of London, Droste Verlag, 1999 Die Geschichte von Lloyd's Coffee House in London, das als Auktionshaus und Nachrichtenbörse fungierte und sich zur größten Versicherungsbörse der Welt entwickelte. Ein spannendes Kapitel europäischer Kultur- und Wirtschaftsgeschichte.

Marsha Mehran, Gloria Ernst: Das persische Café Limes Verlag, 2005 Ein beinahe märchenhafter Roman mit Rezepten. Darin geht es um drei persische Schwestern, die in einem kleinen irischen Städtchen ein Café eröffnen, in dem sie mit exotischen Gerichten und Getränken die Iren nach und nach verzaubern.

Mark Pendergast: Kaffee. Edition Ternmen, 2005 Anekdotenreiche, gut recherchierte Kultur-, Sozial- und Wirtschaftsgeschichte des Kaffees von seiner Entdeckung bis zum Siegeszug von Starbucks rund um die Welt.

Rick Rodgers, Kelly Budgen: Das Kaffeehaus. 120 klassische Rezepte aus Wien, Budapest und Prag. Christian Verlag, 2002

www.kaffee-netz .de Die Community rund ums Thema Kaffee. Über 5000 Themen und über 45.000 Beiträge zum Thema.

DIE ANBAULÄNDER DER WELT

Äthiopien

In Äthiopien fing alles an. Der Kaffee fand von hier aus seinen Weg in die Welt. Heute ist das Land der größte Exporteur von Arabica-Bohnen in Afrika. Die Hälfte der Produktion stammt aus Höhenlagen über 1500 m. Der äthiopische Kaffee schmeckt sehr fruchtig, würzig bis kräftig. Die berühmteste Sorte heißt Harrar.

Angola

war ein bedeutender Robusta-Kaffee-Exporteur. Abnehmer waren vor allem die USA. Noch 1975 wurden 1,2 Millionen Sack produziert. Heute sind es nur noch einige hunderttausend, die aber auf dem Weltmarkt nicht gehandelt werden. Der Kaffee schmeckt kräftig säurehaltig.

Australien

baut auch Kaffee an, doch gibt es klimatische Probleme. Wegen der großen Hitze kann nicht maschinell geerntet werden. Das treibt den Preis nach oben, so dass kaum exportiert wird. Im Geschmack mild und weich, doch viel angenehme Säure.

Bolivien

baut Kaffee erst seit etwa 50 Jahren an. Es werden fast nur Arabica-Bohnen angebaut, die aber geschmacklich keine großen Qualitäten erreichen.

Brasilien

ist das größte Anbauland und wichtigster Lieferant der Welt. Ungewaschene, sonnengetrocknete Bohnen werden als »Brazil« verkauft, daneben die feineren »Milds«. Fast jede Kaffeemischung basiert zu 50 Prozent auf Brazil-Kaffee, gerne auch als Füllkaffee bezeichnet. Er gilt als »weicher« Kaffee, doch hat man in den letzten Jahren mehr und mehr auch hochwertige Qualitäten angebaut. Der Bourbon Santos ist erwähnenswert.

China

ist mehr ein Kaffee-Handelsland. Zwar wird in der Provinz Yunnan an der Grenze zu Vietnam Kaffee angebaut – vor allem wegen des dortigen milden Klimas. China ist jedoch vor allem ein Kaffee-Importmarkt mit alljährlich 50-prozentigen Steigerungsraten. Denn Kaffeegenuss ist für Chinas Mittelschicht ein Statussymbol für Kultiviertheit geworden. Die großen internationalen Kaffeeproduzenten liefern sich ein Rennen, um den riesigen chinesischen Markt aufzurollen.

Costa Rica

baut ausschließlich Arabica-Bohnen an, Robusta-Anbau ist verboten. Qualitätskaffee aus diesem Land wird in Höhenlagen ab 1500 m angebaut. Costa-Rica-Kaffee gilt für viele als einer der besten Kaffees der Welt. Umweltschutzauflagen und Wasserverordnungen tragen ebenfalls zur hohen Qualität bei. Intensiver Duft, viel Aroma und Körper, ausgeprägte aber nicht dominante Säure und ein feiner Geschmack zeichnen ihn aus.

Elfenbeinküste

Die Elfenbeinküste zählt zu den großen Massenproduzenten. Das Land ist zweitgrößter Produzent von Robusta-Bohnen nach Indonesien. Ein großer Teil der Ernte geht nach Frankreich und Italien, wo er zu Standard-Qualitäten verarbeitet wird. Im Geschmack voll und verfügt über wenig Säure.

Ecuador

verfügt über besonders hoch gelegene Arabica-Anbaugebiete. Doch auch der Robusta-Anbau nimmt zu. Kaffee wird erst seit 50 Jahren angebaut. Es wird eine Standard-Konsumqualität produziert, die in Skandinavien gerne getrunken wird. Im Duft intensiv, im Geschmack sehr harmonisch.

El Salavador

exportiert jährlich ein Drittel seiner besseren Qualitäten für den deutschen Markt. Der gesamte Anbau hat in der Vergangenheit durch den Bürgerkrieg und Pflanzenkrankheiten stark gelitten. Die Erträge pro Hektar sind seitdem dramatisch gefallen. Hinzu kamen unglückliche Steueraufschläge der Regierung, die den Export stark hemmten. Vor einigen Jahren wurde das Exportgeschäft teils in private Hände zurückgeführt. Der Kaffee ist vielseitig zu verwenden, kann stark geröstet werden. Im Geschmack sehr ausgewogen, wenig Säure.

Guatemala

wurde berühmt für seine Riesenbohnen. Derzeit will man mit einem US-finanzierten Hilfsprogramm die Produktion von Feinschmecker-Kaffees in kleinen Betrieben vorantreiben und die Produktion von minderwertigen Sorten einschränken. Der Geschmack des Kaffees ist herzhaft und vollmundig. Herausragende Anbaugebiete sind Antigua, die Gebiete um den Attilansee und Cobán.

DIE ANBAULÄNDER DER WELT

Hawaii

Nirgendwo hat Kaffee so gute Anbaubedingungen, wie auf Hawaii. Er wird an den Hängen des Vulkans Mauna Loa im westlichen Kona-Distrikt angebaut. Dort erzielt man die weltweit höchsten Erträge pro Quadratmeter an Arabica-Kaffee in gleichbleibend hoher Qualität. Die Anbaufläche ist jedoch beschränkt. Insgesamt produzieren die Hawaii-Inseln zwischen 16 000 und 24 000 Sack im Jahr. Der beste Kona-Kaffee wird als Extra Fancy, Fancy und Number One bezeichnet, es ist aber auch Plantagenkaffee und biologischer Kaffee erhältlich. Sortenreiner Kona-Kaffee ist kaum zu bekommen. Ein Großteil des als »Kona« vermarkteten Kaffees enthält weniger als 5 Prozent echten hawaiischen Kona.

Haiti

Trotz politischer Probleme produziert Haiti einige gute Kaffees. Die Arabica-Sorten wachsen auf vulkanischen Böden in etwa 500 m Höhe, wo häufige Regenfälle den Bau von Bewässerungsanlagen überflüssig machen. Der Grossteil des Kaffees stammt aus organischem Anbau, da die meisten Farmer sich weder Kunstdünger noch Spritzmittel leisten können. Der Kaffee zeichnet sich durch einen kraftvollen Körper und ein ausdrucksvolles Aroma aus. Trotz ausgeprägter Säure ist er weich im Geschmack.

Honduras

konnte in den letzten Jahren seine Kaffeeproduktion auf fast 2 Millionen Sack steigern und damit verdreifachen. Dieser Kaffee eignet sich besonders gut zum Mischen. Kräftiger Duft, harmonisch milder Gesamteindruck.

Indien

Indiens Kaffee ist durch sein spezielles Aufbereitungsverfahren (Monsooning s. Seiten 17 und 159) interessant. Eine staatliche Kaffeekommission sammelt die Ernte und kontrolliert den Verkauf. Kaffee von guter Qualität wird im Staat Karnataka, in Tellichery und in Malabar im Staat Kerala angebaut. Außerdem im Südwesten sowie in Nilgeris im südöstlichen Staat Tamil Nadu. Indische Kaffees sind weich und würzig im Geschmack mit kraftvollem Körper.

Indonesien

Die Holländer brachten die ersten Arabica-Pflanzen aus dem heutigen Jemen auf die Insel Java. Indonesiens Kaffee wird fast nur auf kleinen Plantagen erzeugt. Deutschland gehört zu den größten Importeuren. Im Geschmack mild, säurearm und würzig. Besonders üppig und leicht süßlich im Geschmack ist der Java-Kaffee. Darum werden diese Bohnen gern mit dem herben Jemen-Mokka gemischt.

Jamaica

Der jamaikanische Blue Mountain gilt als teuerster Kaffee der Welt. Der Kaffee kommt von kleinen Plantagen. Das Anbaugebiet ist etwa 6000 Hektar groß, doch es wird weit mehr Blue Mountain Kaffee angeboten als dort angebaut werden kann. Er ist ein Traum für Kaffeeliebhaber mit einem intensiven Geschmack, der sehr lange vorhält.

Jemen

ist eines der Ursprungsländer des Kaffees. Von hier brachten niederländische Kaufleute die Arabica-Kaffeesträucher auf die Insel Java und nach Ceylon. Auf den fruchtbaren Hochebenen werden verschiedene Mokkasorten angebaut. Sie alle zeichnen sich durch eine fruchtig-säuerliche Note mit dem charakteristischen Schokoladen-Nachgeschmack aus. Mokkabohnen sind kleiner und runder als die meisten anderen Kaffeebohnen, sie sehen fast wie Perlbohnen aus.

Kamerun

litt unter den sinkenden Weltrohstoffpreisen in den letzten Jahren ganz besonders. Dazu kamen Qualitätseinbußen beim Kaffee. Experten hoffen auf eine Verbesserung von Anbaumenge und Qualität in den nächsten Jahren. Der Kaffee schmeckt stark und wird für Espresso verwendet.

Kenia

legt wie kaum ein anderer Kaffeeproduzent großen Wert auf die Qualitätsstandards. Der gesamte Kaffee wird vom staatlichen Coffee Board of Kenia aufgekauft. Dort wird die Qualität beurteilt und der Kaffee auf Auktionen weiterverkauft. Kenia-Kaffee wird von den Kaffeeliebhabern wegen seiner starken Säure und des kraftvollen Geschmacks geschätzt.

Kolumbien

ist weltgrößter Erzeuger von Qualitätskaffee, kein Kaffee ist bei den Verbrauchern beliebter. Das feucht warme Klima begünstigt den Anbau. Exportiert werden hochwertige gewaschene Bohnen. Bekannt ist der »Gran Café de Caldas«, ein sortenreiner Arabica aus den Anden in Top-Qualität.

Mexico

ist der viertgrößte Produzent der Welt. Die jährliche Ernte von rund 5 Millionen Säcken wird zum großen Teil von etwa 100 000 Kleinbauern produziert, die unter dem sinkenden Kaffeepreis der letzten Jahre besonders leiden mussten. Im mexikanischen Hochland wird nach einem biologisch-dynamischen Anbauverfahren für eine führende Bio-Kette in Deutschland produziert. Die als Maragogype bekannten Riesenbohnen liefern einen aromatischen, milden Kaffee. Neben besten Qualitäten aus dem Landesinneren kommen allerdings auch minderwertige Sorten auf den Markt.

Nicaragua

Die Kaffeeproduktion erlitt nach dem Exodus der Plantagenbesitzer während der Bürgerkriege Ende der 70er Jahre einen heftigen Rückschlag. Eine drastische Änderung der Landbesitzverhältnisse reduzierte die Produktion um die Hälfte. Derzeit wird die Vermarktung der Bohnen wieder im freien Handel durchgeführt. Die besten Qualitäten sind sehr aromatisch, einige Sorten sind besonders für Espresso geeignet.

Papua-Neuguinea

produziert einen Großteil seines Kaffees in Höhenlagen zwischen 1300 und 1800 m, dort wird vor allem die Arabica-Pflanze angebaut. Durch die schwierigen Verkehrsverbindungen wird der Kaffee auf der jeweiligen Plantage auch verarbeitet, was den benachbarten Dorfgemeinschaften Arbeit sichert. Auf Grund der hohen Düngerkosten und der Transportprobleme wird der Kaffee im biologischen Anbauverfahren produziert. Im Geschmack kräftig mit viel Körper eignet er sich gut zum Mischen.

Peru

Der Kaffeeanbau leidet unter den politischen Verhältnissen. Inzwischen wurde eine Vereinigung der Kaffee-Exporteure gegründet, die die Qualität verbessern will. Peru ist ein bedeutender Lieferant von Bio-Kaffee, der in abgelegenen Waldgebieten von Kleinbauern ohne Pestizide und Chemikalien angebaut wird.

Philippinen

gehören zu den wenigen Erzeugerländern, in denen alle vier Coffea-Arten wie Robusta, Arabica, Liberica und Excelsia angebaut wurden. Vor 125 Jahren zählte das Land zu den großen Kaffee-Exporteuren, doch dann kam der Rostpilz und beendete den Kaffeeanbau. Heute wird wieder in geringen Mengen Kaffee produziert, der würzig schmeckt und sich gut für Espressomischungen eignet.

Sambia

wurde vom Kaffee verhältnismäßig spät zum Beginn des letzten Jahrhunderts erreicht – der Kaffee stammte aus Kenia. Deshalb ähnelt der Sambia-Kaffee dem aus Kenia im Geschmack sehr, er ist jedoch etwas milder.

Tansania

Die Kaffeeindustrie hat in den letzten Jahren durch die instabile politische Lage sehr gelitten. Außerdem wurde der Anbau durch Pflanzen-Krankheiten so beeinträchtigt, dass eine gleich bleibende Qualität nicht garantiert werden kann. Im Geschmack wenig Säure, aber viel Aroma.

Uganda

ist zwar mit 3 Millionen Sack einer der größten Robusta-Produzenten, doch macht die Arabica-Produktion heute schon ein Zehntel des Kaffeeanbaus aus – Tendenz steigend.

Venezuela

Der Kaffeeanbau wurde viele Jahre zugunsten eines boomenden Erdölexportes fast eingestellt. Inzwischen sind jedoch einige alte Kaffeeplantagen in Betrieb genommen worden und versuchen direkt zu exportieren. Der Kaffee hat wenig Säure, schmeckt angenehm fruchtig und eignet sich zum Mischen.

Vietnam

ist ein sehr aufstrebender Kaffeeproduzent. Seit Beginn des Anbaus 1960 hat sich die Menge produzierten Kaffees vertausendfacht. Dadurch wurde 2000 eine weltweite Überproduktion erreicht, die den Weltmarktpreis um 60 Prozent fallen ließ. Vietnam konnte Kolumbien vom zweiten Platz auf der Liste der größten Kaffeeproduzenten verdrängen. Produziert werden vor allem Robustas minderer Qualität, die sich durch ihren ausgeglichenen Geschmack gut zum Mischen eignen. Wenig Säure, aber viel Körper.

REGISTER

A

Americano 157
Ananas
Kaffeenudeln mit
Ananas-Mango-
Sauce 134
Lachs auf Ananas-
Chicorée 141
Arabica 157
Arabica Maragogype
(Warenkunde) 17
Arabische Sahne-
Füllung 78
Aromatisierter Kaffee 157
Avocado-Krabben-
Tramezzini 108

B

Babas 81
Backpflaumen
Grießschnitte mit
Kaffee-Pflaume 95
Wildgulasch mit Kaffee-
Pflaumen 147
Bagdadkessel 47
Bagels
Bagel mit geräucherter
Forelle 114
Bagel mit Hähnchen-
salat (Variante)114
Bagel mit Räucherlachs
(Variante) 114
Bagel mit Schinken und
Feigen (Variante) 114
Bagels (Grundrezept)
153
Baklava 96
Barista 157
Basilikum
Tartelettes mit Basili-
kum-Schaum 125
Basilikum-Pesto
(Kasten) 125
Beeren
Beeren-Muffins 87
Frucht-Sabayone 122

Frühlingsrolle mit
Erdbeeren 92
Bitter-Cocktail 51
Blätterteig
Baklava 96
Blätterteigpasteten
mit Spinat 121
Blue Mountain 157
Brandy-Cocktail 51
Brauner 33
Brioches 81

C

Café 43
Café au lait 34
Café con leche 157
Café cortado 157
Café doppio 43
Cafe Foster 45
Café Frappé 157
Café Maria Theresiea 33
Caffè corretto 43
Caffè latte 43
Caffè lungo 43
Caffè macchiato 43
Caffè marocchino 43
Caffè ristretto 43
Cappuccino 43
Chicorée: Lachs auf
Ananas-Chicorée 141
Chilipralinen 72
Cona-Kanne 31
Couscous mit Enten-
brust 150
Cranberries: Marzipan-
Cranberry-Waffeln 103
Crema 157
Croque Monsieur 111

D

Datteln: Knuspertörtchen
mit Lorbeer und
Minze 98
Donuts 104

E

Eierlikör
Brandy-Cocktail 51
Gerührter Wiener
Eiskafee à la Josef 44
Einspänner 33
Eiskaffee: Gebrühter
Wiener Eiskaffee à la
Josef 44
Entenbrust: Couscous mit
Entenbrust 150
Entkoffeinieren 157
Erbsen-Minze-
Süppchen 122
Espresso Martini 50
Espresso zubereiten 37
Espressomaschine 39
Estate Coffee 157

F

Feigen-Rotwein-
Küchlein 65
Fiaker 33
Filoteig: Knuspertörtchen
mit Lorbeer und
Minze 98
Filterkaffee 31
Filtertüte 157
Forelle
Bagel mit geräucherter
Forelle 114
Forellen-Wasabi-
Creme 116
French-Press-Kanne 31, 157
Frucht-Sabayone 122
Frühlingsrolle mit
Erdbeeren 92

G

Garnelen mit Sahne-
linsen 138
Gebeizter Kaffeelachs 128
Gebrühter Wiener Eiskaffee
à la Josef 44
Gefüllte Panini 111
Gefüllte Profiteroles 78
Gewürzschaum: Kaffee mit
Gewürzschaum 48
Gianduja (Warenkunde) 61
Gianduja-Masse (Tipp) 61
Gorgonzola-Creme mit
Lavendel 116
Granita de Café 157
Graved Lax (Variante) 128
Grießkuchen, Orienta-
lischer (Variante) 95
Grießschnitte mit Kaffee-
Pflaume 95
Grundrezepte
Bagels 153
Kaffeesirup 153
Profiteroles 152
Scharfe Kaffee-
Essenz 153
Tortillas 153

H

Hase im Crêpemantel 144
Hefeteig
Babas 81
Bagels
(Grundrezept) 153
Brioches 81
Donuts 104
High Grown Kaffee 157
Himbeertörtchen 56
Hochlandkaffee 157
Honig: Baklava 96

I

Ibrik 47
Iced Espresso 157
ICO 158
India Malabar monsooned
    (Warenkunde) 17
Indian washed Robusta
    (Warenkunde) 17
Indonesia Luwak Robusta
    (Warenkunde) 17
Inhaltsstoffe 158
Irish Coffee 158
Italienischer Kaffee 43

J

Java Robusta unwasched
    (Warenkunde) 17
Johannisbeeren:
    Mandelküchlein mit
        Johannisbeeren 68

K

Kaffee Cobbler 50
Kaffee Luz 33
Kaffee mit Gewürz-
    schaum 48
Kaffee Schümli 33
Kaffeebrennzwang 158
Kaffeeernte 158
Kaffee-Ersatz 158
Kaffee-Karamellen 84
Kaffeelachs, Gebeizter 128
Kaffeelikör
    Espresso Martini 50
    Kaffee Cobbler 50
    Pochierte Hähnchen-
        brust mit Kardamom-
        sauce 142
Kaffee-Mandel-Baisers 88
Kaffeemaschine 31
Kaffeenudeln mit Ananas-
    Mango-Sauce 134
Kaffee-Panforte 66
Kaffeesirup
    (Grundrezept) 153

Kaffee-Steuer 158
Kaffee-Vanille-Waffeln 103
Kaisermelange 33
Kalter Kaffee (Tipp) 50
Kapuziner 33
Karamellisierte Kaffee-
    Schalotten 131
Karibik-Mousse 100
Kartoffelgratin 148
Käsepizza (Variante) 118
Kirschkuchen 82
Knuspertörtchen mit
    Lorbeer und Minze 98
Koffein 158
Kokosmakronen: Schoko-
    Kokos-Kugeln 88
Kona-Kaffee 158
Konsul 33
Kopi Luwak 158
Kosakenkaffee 33
Krabben: Avocado-
    Krabben-Tramezzini 108
Kuvertüre
    Chilipralinen 72
    Himbeertörtchen 56
    Karibik-Mousse 100
    Mandel-Brownies 58
    Nougattörtchen 61
    Rich Chokolate-
        Cookies 71
    Schoko-Kaffee-
        bohnen 85
    Schoko-Kokos-
        Kugeln 88
    Schokoladen-Füllung 78

L

Lachs
    Gebeizter Kaffee-
        lachs 128
    Lachs auf Ananas-
        Chicorée 141
    Lachs-Wraps 113
Lasagne mit Sahne-Pilzen,
    Offene 132
Latte macchiato 43, 44
Lebercreme,
    Pfeffrige 117
Liberica 158
Limettencreme 78
Linsen: Garnelen mit
    Sahnelinsen 138
Linzer Plätzchen 62
Löslicher Kaffee 158

M

Mahlgrad
    Aufgusskaffee 25
    Espresso 25
    Filterkaffee 25
    Türkischer Kaffee 25
Malzkaffee 159
Mandeln
    Baklava 96
    Kaffee-Mandel-
        Baisers 88
    Kirschkuchen 82
    Linzer Plätzchen 62
    Mandel-Brownies 58
    Mandelküchlein mit
        Johannisbeeren 68
    Mandelküchlein mit
        Vanillecreme
        (Variante) 68
Mango: Kaffeenudeln
    mit Ananas-Mango-
    Sauce 134
Maragogype 159
Marinierte Seeteufel auf
    Tomatenrisotto 137

Marzipanrohmasse
    Himbeertörtchen 56
    Marzipan-Cranberry-
        Waffeln 103
    Nougattörtchen 61
    Schoko-Kaffee-
        bohnen 85
Mazagran 33
Melange 33
Metallfilter 31
Mexikanischer Kaffee 35
Milch schäumen 40
Mini-Pizzen mit Tomaten
    und Mozzarella 118
Minze: Erbsen-Minze-
    Süppchen 122
Minzeblätter in schwarzer
    Schokolade 85
Minz-Eis mit Schokolade
Mischung 159
Möhrengemüse 142
Mokka 33, 159
Mokka-Milchshake 35
Monsooning 159
Mozzarella
    Gefüllte Panini 111
    Mini-Pizzen mit
        Tomaten und
        Mozzarella 118

N

Nicaragua Maragogype
    Arabica (Waren-
    kunde) 17
Nougat
    Chilipralinen 72
    Nougattörtchen 61
    Nudelplätzchen 121

REGISTER

O

Offene Lasagne mit
  Sahne-Pilzen 132
Orangen-Kaffee,
  Türkischer 48

Orientalischer Grießkuchen
  (Variante) 95
Oxidation 159

P

Pacamara 159
Pancakes, US- 91
Panini, Gefüllte 111
Paprika-Wraps 113
Parmaschinken
  Gefüllte Panini 111
  Rucola-Schinken-Pizza
    (Variante) 118
Perlbohne 159
Perlbohne Kenia
  (Warenkunde) 17
Pfeffrige Lebercreme 117
Pflaumen: Couscous mit
  Entenbrust 150
Pharisäer 34
Piccolo 33
Pistazien: Rich Chokolate-
  Cookies 71
Pochierte Hähnchenbrust
  mit Kardamomsauce 142
Porzellanfilter 31
Probleme mit Kaffee 53
Profiteroles
  (Grundrezept) 152
Profiteroles, Gefüllte 78
Pulvermenge 37

R

Rich Chokolate-Cookies 71
Risotto: Marinierte
  Seeteufel auf Tomaten
  risotto 137
Roastbeef-Bagel 114
Robusta 159
Rohkaffeegürtel 159
Rosensorbet 96
Rösten 159
Röstgrade xx
Rote Beten in Kaffee
  gegart 131
Rotwein: Feigen-Rotwein-
  Küchlein 65
Rucola-Schinken-Pizza
  (Variante) 118

S

Sack 160
Sahne
  Arabische
    Sahne-Füllung 78
  Garnelen mit Sahne-
    linsen 138
  Karibik-Mousse 100
  Zimtkaffee-Flan 100
Schalotten: Karamellisierte
  Kaffee-Schalotten 131
Scharfe Kaffee-Essenz
  (Grundrezept) 153
Scharfe Ziegenkäse-
  creme 117
Schoko-Kaffee 45
Schoko-Kaffeebohnen 85
Schoko-Kokos-Kugeln 88
Schokoladen-Füllung
  (Variante) 56

Schokoladen-Füllung 78
Schokoladentorte 77
Schoko-Mascarpone-Creme
  (Variante) 103
Schweinefilet mit Kaffee-
  Morcheln 148
Scones 87
Seeteufel auf Tomaten-
  risotto, Marinierter 137
SHB 160
Siebträger 160
Spinat: Blätterteigpasteten
  mit Spinat 121
Supremeo 160
Schwarzer 33
Swiss Water Coffee 160

T

Tartelettes mit Basilikum-
  Schaum 125
Toast-Ecken, Würzige
  (Variante) 111
Tomaten
  Marinierte Seeteufel auf
    Tomatenrisotto 137
  Mini-Pizzen mit
    Tomaten und
    Mozzarella 118
  Tomaten-Schaum 125
torrefacto 160
Tortillas (Grundrezept) 152
Tunfisch
Paprika-Wraps 113
Tunfisch-Tramezzini 108
Türkischer Orangen-
  Kaffee 48

U

US-Pancakes 91

V

Verkosten 29
Verlängerter 33

W

Wasabipaste: Forellen-
  Wasabi-Creme 116
Wiener Mischung 160
Wildgulasch mit Kaffee-
  Pflaumen 147
Wildkaffee 160
Wodka: Espresso
  Martini 50
Würzige Toast-Ecken
  (Variante) 111

Z

Zigenkäsecreme,
  Scharfe 117
Zimtkaffee-Flan 100
Zitronenlikör:
  Limettencreme 78
Zuchtpilze: Offene Lasagne
  mit Sahne-Pilzen 132

GENIESSERKÜCHE

...für alle, die das Echte schätzen

Bettina Matthaei
Mohamad Salameh

MEZZE–EIN GENUSS

ISBN (10)   3-7742-6992-0
ISBN (13) 978-3-7742-6992-7
168 Seiten | € 24,90 [D]

Die Kochbücher zu den Genusstrends der Zeit. Eine unterhaltsame Mischung aus Reportage, Expertenwissen und besonderen Rezepten – ein sinnliches Vergnügen für alle, die mehr wissen wollen.

Willkommen im Leben.

IMPRESSUM

Foto Stephan Abry

Henning Seehusen lebt in Hamburg. Er arbeitet als Journalist für Zeitschriften wie Stern und Gala und Fernsehsender (SAT1). Über Essen und Trinken schreibt er seit 1975, seit 1997 ist es sein Hauptthema. Er veröffentlichte bereits 15 Kochbücher zusammen mit seiner Frau Getrud Scharbau-Seehusen, die die Rezepte entwickelt. Heute liebt er besonders seine ferrarirote US-Espressomaschine und ist ein bisschen süchtig nach den kleinen schwarzen Tassen. Dadurch entstand auch die Idee für dieses Buch.

Danke

Wir danken für die fachliche Beratung Ulrich Carroux, Kaffeerösterei, Elbchaussee 585, 22587 Hamburg, für die Fingerfood-Törtchen-Rezepte Stefan Franz, Schokofoto®, Sülldorfer Landstraße 240, 22589 Hamburg www.schokofoto.de und für einige Rezepte mit Kaffee Wahabi Nouri, Restaurant Piment, Lehmweg 29, 20251 Hamburg-Eppendorf

Joerg Lehmann lebt als Fotograf seit 1991 in Paris. Wenn er nicht gerade hinter der Kamera mit seiner Kamera zwischen Casserolen und Schokotörtchen jongliert, trifft man ihn mit Sicherheit beim Antikhändler auf der Jagd nach Requisiten. Er fotografiert Genuss für japanische und deutsche Magazine, wie DER FEINSCHMECKER und für Buchverlage. Mit seinem klaren, reduzierten Fotostil hat er für den Kaffee in diesem Buch einen ganz neuen Auftritt geschaffen.

Frauke Koops arbeitet international erfolgreich als Foodstylistin, Produzentin und Rezeptautorin für Werbeagenturen, Frauen- und Foodzeitschriften und für das Gourmetmagazin DER FEINSCHMECKER. Ihre ganz eigene Handschrift ist auch in diesem Buch unverkennbar. Stilsicher setzt sie die Gerichte optimal in Szene und macht Appetit auf Knuspertörtchen, Mandelbaisers und Kaffeemorcheln.

© 2005 GRÄFE UND UNZER GmbH, München.
Alle Rechte vorbehalten. Nachdruck auch auszugsweise, sowie Verbreitung durch Film, Funk, Fernsehen und Internet, durch fotomechanische Wiedergabe, Tonträger und Datenverarbeitungssysteme jeglicher Art nur mit schriftlicher Genehmigung des Verlages.

Programmleitung: Doris Birk
Konzept und Redaktion: Birgit Rademacker
Lektorat: Maryna Zimdars
Korrektorat: Mischa Gallé
Gestaltung und Layout: LIQUID Agentur für Gestaltung
Fotografie: Joerg Lehmann
Fotoproduktion und Styling: Frauke Koops
Assistenz: Ute Ritter, Rosi Oltersdorf
Herstellung: Maike Promm, Petra Roth
Layout und Satz: BuchHaus Robert Gigler
Reproduktion: Penta Repro
Druck: Appl, Wemding
Bindung: Conzella, Pfarrkirchen

ISBN (10)   3-7742-6993-9
ISBN (13) 978-3-7742-6993-4

Auflage 4.   3.   2.   1.
         08   07   06 2005

GRÄFE
UND
UNZER

Ein Unternehmen der
GANSKE VERLAGSGRUPPE

DAS ORIGINAL MIT GARANTIE

GU

Das Original mit Garantie

Ihre Meinung ist uns wichtig. Deshalb möchten wir Ihre Kritik, gerne aber auch Ihr Lob erfahren. Um als führender Ratgeberverlag für Sie noch besser zu werden. Darum: Schreiben Sie uns! Wir freuen uns auf Ihre Post und wünschen Ihnen viel Spaß mit Ihrem GU-Ratgeber.

Unsere Garantie: Sollte ein GU-Ratgeber einmal einen Fehler enthalten, schicken Sie uns das Buch mit einem kleinen Hinweis und der Quittung innerhalb von sechs Monaten nach dem Kauf zurück. Wir tauschen Ihnen den GU-Ratgeber gegen einen anderen zum gleichen oder ähnlichen Thema um.

Ihr Gräfe und Unzer Verlag
Kochen & Verwöhnen
Postfach 86 03 25
81630 München
Fax 089/419 81-113
E-Mail: leserservice@graefe-und-unzer.de